El Ateísmo ha Muerto

/hanti nilaya

EDITORIAL

El ateísmo ha muerto: la caída de sus ídolos

D. R. © 2022 | F. H. Herejestus

Primera edición, 2022 | Editorial Shanti Nilaya®

Diseño editorial | Editorial Shanti Nilaya®

ISBN | 978-1-957973-14-2

eBook ISBN | 978-1-957973-15-9

shantinilaya.life/editorial

F. H. Herejestus

El Ateísmo ha Muerto

La caída de sus ídolos

FILOSOFÍA HERÉTICA

shanti
nilaya
EDITORIAL

ÍNDICE

EL ATEÍSMO HA MUERTO
SECCIÓN I
PREÁMBULO

Humanos, les anuncio que la fiesta atea ha llegado a su fin. Esos sujetos que son invitados a dar conferencias a favor de la ideología atea o a debatir contra religiosos se tendrán que dedicar a otra cosa; sus libros serán tratados como ofensivos a la sana inteligencia, un recuerdo de insensatez humana. Esos humanos que con orgullo portan la medalla de "soy ateo, soy feliz", se enterarán de que el ateísmo ha muerto sabiendo que no hay fundamento razonable de que sostenerse y que el ateísmo es peor que basura.

A pesar de que pensadores y filósofos han dado argumentos y demostraciones de la existencia de Dios, suficientes y claros, no han sido contundentes. Por eso, el ateísmo aún se cree que está a nivel de un debate intelectual, cuando sólo es basura de falacias, sentimentalismos, mojigaterías, cientificismos y sofismas.

Ha llegado el momento histórico de matar la ideología atea y todos sus productos.

Es importante no perder de vista que una cosa es lo que cree cada individuo y otra es la ideología a la que se ajusta. Cada persona es libre de creer o no creer en Dios. Mientras no falte a las leyes civiles, no hay por qué obligar a nadie a dejar su ateísmo.

Así pues, aquí no estamos en contra de las creencias de las personas en particular, sino de esa ideología atea en abstracto que perjudica el sano juicio.

Recomiendo observar cómo, sin necesidad de dar las demostraciones de la existencia de Dios por delante —que las daremos en su momento—, se destruye al ateísmo por sí mismo. No se rompan las vestiduras si de vez en cuando suelto palabras altisonantes: hay cosas que se tienen que decir de manera fuerte y con el término que les corresponde. Son tantos siglos de necedad ateoide que no es necesario medirnos con eufemismos o disfraces moralinos suaves. No todos expresan palabras altisonantes, pero sí las dicen dientes adentro, así que no le entremos a la hipocresía.

Sean bienvenidos los que están dispuestos a pensar por sí mismos y a poner en duda sus propias convicciones para luego reafirmarlas o abandonarlas. Les invito a acompañarme al espectáculo de hacer polvo y humo la nefasta doctrina atea y sus ídolos.

CAPÍTULO 1

Destruyendo el ateísmo

Los pregoneros del ateísmo van anunciando su doctrina con singular alegría y presunción intelectualoide como si estuvieran dando una buena noticia, como si dijeran: "¡Alégrense todos, pues ningún dios existe! ¡Nos hemos librado de las ataduras de las creencias religiosas!". Seamos testigos de que su singular alegría no tiene ningún fundamento intelectual y no es más que una ingenuidad digna de un berrinche puberto que se rebela de la autoridad y cree que toma decisiones maduras o más inteligentes. Vamos a ponerles un alto, y un alto definitivo.

Contemplemos cómo el ateísmo se torna polvo y humo al ver que no sirve para nada, que es peor que basura; esto, porque algunas basuras se pueden reusar o reciclar, pero del ateísmo no hay nada que rescatar, pues, en sentido estricto y puro, no tiene manera de proponer nada: no puede proponer una moral; no puede proponer una organización social; no puede ser propuesta de un tipo de política; no puede ser un modelo educativo; no puede darnos un enfoque psicológico; no puede ser un camino para descubrimientos científicos; no puede ser una propuesta estética o artística; no puede proveer bienestar o felicidad. Todo ello porque decir que Dios no existe no es buena sino mala noticia.

Hasta ahora, lo que ha hecho el ateísmo es piratear la moral y las ideas de otros. Esto es entendible, porque al ateísmo puro no hay nada que sacarle más que absurdos y sinsentidos. Sabemos que el ateísmo se ha creído que puede sugerir lo ya dicho, pero vamos a desnudarlo, dado que lo que ha hecho es robarse ideas de otros. Los ateos son los más grandes piratas de las ideas de otros: han pirateado morales de las religiones y desde ellas juzgan a los religiosos; han pirateado las ideas de los científicos y las han distorsionado con sofismas para aparentar que están a su favor. Las ciencias empíricas no tienen por objeto de estudio cosas que van más allá de sus alcances, como la existencia o no existencia de Dios, pero estos ingenuos estiran las conjeturas de los orígenes (del cosmos y de la vida), que son de pretensiones empíricas, y esperan con ello argumentar que ningún dios existe. Es decir, con cuentos sacados de la imaginación y algunas observaciones con telescopio o microscopio mal interpretadas, empiezan a babear de emoción y euforia proclamando "¡Dios no existe!". Son tan imberbes que no se enteran de que el tema de Dios supera la empírea.

Las ciencias empíricas son para asuntos de medicina, tecnología, estética, ingeniería, inventiva, etcétera, pero no son para el tema de Dios, por la simple razón de que cada ciencia tiene sus propios objetos de estudio, y nada más. El tema de Dios es para las teologías o la filosofía, y nada más. Y como el ateísmo no sabe de teología más que desacreditar sus dogmas contraponiéndolos con los propios, o sea, una "ateología", entonces queda fuera del tema de Dios de manera seria.

La "ateología" es el conjunto de sofismas ateos que, a partir de las ideas religiosas de dios o dioses, con sus dogmas teológicos y doctrinales, sirve de base para justificar el ateísmo. Como no hubo ni habrá un argumento filosófico válido que demuestre la inexistencia de Dios más que patética "ateología", entonces queda fuera del tema de la existencia de Dios de manera filosófica. Por lo tanto, ni siquiera para un debate serio sirve el ateísmo, sólo se ha dedicado a dar razones sentimentalistas, mojigatas y antirreligiosas.

Al ateísmo no le es propio estar de antirreligioso, porque bien puede haber sujetos que creen en un dios, pero tienden a la antirreligiosidad, o bien, otros que se asuman ateos y que no estén de antirreligiosos porque saben que es necesario respetar la libertad de creencia y culto. Así que agregamos otra cosa para lo que no sirve el ateísmo: para ir en contra de las religiones; si lo han hecho es por bobos o fanáticos, porque no les corresponde.

Como cualquier estudio realmente filosófico, es preciso definir qué se va a entender por ateísmo antes de seguir aventando argumentos con riesgo de estar pensando ideas distintas de ateísmo y no la que se precisa. Una vez que definamos un concepto fundamental, no lo olviden y ténganlo siempre presente.

Definamos:
Ateísmo es la doctrina que afirma que ningún dios existe y que el cosmos y la vida tienen causa únicamente material o física.

En su momento definiremos el concepto más importante, que es el de dios, pero basta con que entendamos, por el momento, que el ateísmo es la creencia en que el cosmos y la vida tienen causa material o física.

Puede que un ateo venga con el dogma de fe de que el cosmos y la vida no tienen ninguna causa, ningún principio, sino que siempre han existido, que son eternos o que están en un perpetuo eterno retorno de generación y aniquilación interminables, pero eso no es más que un dogma sofista fútil y va en contra de todo lo observable y razonable. Lo que se observa y es evidente es que la vida tuvo un principio y no hay manera de que sea eterna, y que en el cosmos, de igual manera, se observan sus convulsiones y cómo la energía de los astros y demás cuerpos tiene un fin, un agotamiento, una entropía. Decir que algo es eterno, sin principio ni fin, es algo que está fuera de la física y sus observaciones.

Lo mismo aplica para el ateo que salga con la idiotez de que el cosmos surgió de nada o que diga que el cosmos tuvo un principio, pero por nada se creó o generó. Eso tampoco tiene sustento racional, ni científico, ni lógico, ni observable. Decir que algo se crea o genera de nada es una creencia sin sentido, digna de niños que creen en trucos de magia.

En vista de que, en el fuero interno, cada cual puede creer lo que le dé en gana al momento de tomar sus creencias críticamente y razonarlas lo mejor posible, más filosóficas o científicas, entonces se precisa elegir entre una creencia absurda y una que sea lógica y razonada; entre fantasía y realidad; entre la mentira y la verdad. Esa dicotomía es la de fe versus razón. Pero si se piensa que el ateísmo es la parte razonable, váyanse enterando de que también es una creencia de fe dogmática, con la diferencia de que las teológicas tienen más sentido que la fe atea que se sustenta por absurdos y necedades.

Es simple: el ateísmo eligió la mentira de que la causa del cosmos y la vida son los sucesos físicos, y nada más que eso.

Y no estamos hablando sólo del cómo suponen que empezó el cosmos, sino el mismo acontecer de todo, como que la misma vida es únicamente posible por los superpoderes de lo físico. Ahora bien, centrémonos en la vida, que es lo más importante en este tema. Para el ateo, si hay vida es gracias a los átomos y moléculas de los elementos materiales, a la electricidad, al magnetismo, a la gravedad, a la energía solar, etcétera. Por fines didácticos, lo vamos a resumir en una sola palabra: la vida es posible, para el ateo, por la Materialidad (así, con mayúscula). Para el ateo, lo todopoderoso es la Materialidad. Hablar de alma o espíritu está fuera del ateísmo. Los ateos creen que los átomos sumados y autoorganizados —no importa cómo— conforman y mantienen un ente vivo. Esto, en realidad, no lo dicen, porque no saben razonar, si sí supieran, no serían ateos. Ellos tan sólo están pensando en una abstracción antropomórfica todopoderosa llamada naturaleza. Ellos dicen cosas como: "La naturaleza diseñó tal y cual cosa en este ser vivo, la naturaleza ha dispuesto que este instinto sirva para...", "la naturaleza es sabia porque...".

Básico: estos sujetos han antropomorfizado a la naturaleza, tratándola como si fuera algo, algo como inteligente, con memoria, con historia, como una gran diseñadora inmensamente innovadora. Han antropomorfizado a los átomos y sus fenómenos físicos, que serían los realmente todopoderosos.

No hay manera de que unos ladrillos construyan por sus solas propiedades una casa, ¿cierto?, así pasen miles o millones de años —dicho analógicamente—. Ah, no, pues los ateos creen que sí es posible por casualidad, ya que tienen un dogma materialista al que le tienen una fe enorme: la abstracción de la Madre Naturaleza o la suma de átomos y fenómenos físicos construyendo una y otra vez seres vivos de todos tipos, con diversidad, con potencia a reproducirse y con personalidades distintas... ¿Qué tal? ¿Habían visto tanta fe dogmática en un individuo ateo? ¡Ni en un religioso!

Si todo es Materialidad en la cosmovisión atea, y nada más, entonces podemos decir que la vida solamente sería un estado particular de la materia. Ante esto, una piedra y un ser vivo, ambos, serían estados particulares de la materia.

Obsérvese que no dije "estado especial de la Materia", sino solamente que es un estado "particular", porque eso de "especial" únicamente es un sentimiento moralista. Decir que un ser vivo es superior a una piedra también es un sentimiento moralista. La superioridad o inferioridad no tienen fundamento real, sino sólo es una sensación mental; es parte de la fantasía humana, y nada más.

Es preciso, por ende, que el ateísmo sea COHERENTE con lo que le corresponde a su cosmovisión.

Para que se comprenda mejor, seamos más concretos y ubiquémonos en el fenómeno humano. Los humanos tienen sentimientos, emociones, toman decisiones, tienen actos y juicios morales, en fin; sin embargo, la visión atea, si quiere ser coherente, ha de decir que todos esos fenómenos humanos solamente son reacciones químicas, solamente son átomos y moléculas moviéndose en un individuo (y que le sumen lo que quieran, como electricidad, magnetismo, gravedad, ondas, frecuencia, magnitudes y demás fenómenos físicos). Estrictamente hablando, en el ateísmo todo el fenómeno humano es una ilusión, porque todo acaba siendo átomos y moléculas reaccionando, y nada más. La vida en el ateísmo es una ficción. LA MISMA CREENCIA DE QUE DIOS NO EXISTE, PARA UN REAL ATEO, ES UNA FICCIÓN.

¡Así es! La libertad y la moral en el ateísmo "coherente" sólo son FICCIONES provocadas por reacciones químicas en las células del cerebro.

Si el ateísmo fuera coherente, diría que la libertad y la moral son reacciones químicas, y nada más que eso. Reacciones químicas hay en muchas cosas, no solamente en seres vivos; en un cadáver en proceso de descomposición hay reacciones químicas, por ejemplo. Así que la diferencia entre un cadáver y un ser vivo, para el ateísmo, sería únicamente del tipo de que uno está en proceso de desintegración y el otro sigue integrado. Nuevamente, le corresponde al ateísmo asumir que no es cosa de superioridad del ser vivo sobre el cadáver, porque redundamos en que solamente es un fenómeno de reacciones químicas: ni "especial" ni "superior" sería un ser vivo frente a un cadáver o a una piedra.

Luego, cuando un ateo se pone de moralista juzgando los actos de los demás, como cuando se pone a juzgar a los religiosos por algún tipo de acto, está siendo incoherente con el ateísmo mismo, puesto que la responsabilidad de los actos es una ficción en el ateísmo, no es real; lo real son las reacciones químicas, y nada más. En consecuencia, el ateísmo no tiene manera de ser una propuesta moral.

¿Pero entonces el ateísmo puede ser propuesta de algo? ¿Acaso puede ser una propuesta política?

Veamos:

Nos viene a la mente el marxismo, que trató de eliminar las ideas religiosas en sus propuestas teóricas y prácticas, ya que las veía como el opio del pueblo. El marxismo fue una propuesta política, efectivamente, y se presumía atea. En el apogeo del marxismo, a los estudiantes los educaban con esta línea atea y antirreligiosa, y hasta la llamaban "ateísmo científico". No vamos a ahondar en esto, nada más es para que se den una idea; además, viene aquí muy a propósito. Les comparto un extracto de un texto con el que se adoctrinaba a los universitarios de la extinta URSS:

> El ateísmo científico es un componente firme de la visión marxista-leninista del mundo. La visión marxista-leninista del mundo como sistema completo engloba el materialismo dialéctico e histórico, el ateísmo científico, la ética, la estética, etc. La característica principal de todos los componentes de este sistema es que forman una visión materialista completa del mundo y al mismo tiempo constituyen la base metodológica del conocimiento y de la transformación de la realidad.

Efectivamente, esta visión fue una herencia del marxismo, pero Marx no era en realidad un filósofo, porque no sabía filosofar. Si hubiera filosofado, se hubiera dado cuenta de que el ateísmo por sí mismo deja fuera la moral, la libertad y la responsabilidad de los actos. En cambio, se dedicó por mucho tiempo a tratar de destruir las religiones y sus creencias: fue realmente incoherente.

Sí, el marxismo hizo su propuesta política, pero no lo hizo desde el ateísmo, sino que usó la idiotez de la antirreligión, que no es lo mismo. Trató de eliminar la libertad de culto y creencias para imponer sus propios dogmas materialistas a los que nadie habría de oponerse. Si el marxismo no hubiera negado la existencia de Dios y no hubiera atacado las religiones, hubiera tenido mayor aceptación histórica y no hubiera hecho tantas estupideces. En fin, dejemos este tema del marxismo, porque sólo fue un ejemplo y no es nuestro tema importante.

Nos preguntamos: ¿puede haber una propuesta política genuinamente atea?, ¿puede el ateísmo, como ateísmo, dar una propuesta política? La respuesta es obvia: ¡no! La política es hija de la moral. No es casualidad que la política haya nacido ligada a las religiones y que sus líderes salieran de la religión dominante. Las leyes que se imponen para regir los pueblos guardan aún mucha relación con las ideas morales de los religiosos. ¿Cómo puede hacer el ateísmo una propuesta política si la libertad, la responsabilidad, la moral, la justicia y las leyes son sólo ficciones provocadas por reacciones químicas?

Se me objetará que no importa lo que sean la libertad, la moral, los sentimientos, porque el hecho es que están; que si únicamente son reacciones químicas, no interesa, pues lo que importa es que existen, y eso es lo que incumbe. El que objete eso o algo similar es porque no le interesa ver más allá de lo inmediato, por lo que no está capacitado para analizar estas cosas con seriedad y profundidad. Que crea lo que se le dé en gana, pero que deje que los adultos filosofen, al fin que hay gente que únicamente vino a repetir lo que digan otros, sin analizar por sí misma.

Recordemos que el ateísmo es solamente la negación de todos los dioses, y nada más. Y negar la existencia de este o cualquier dios no ayuda en nada a hacer ninguna propuesta moral ni política. Para un ateo, un dios es tan ficticio como la existencia de los duendes. Hasta para eso son torpes los ateos, porque no saben hacer una analogía de un dios; para ellos da igual si es un Dios Creador, un superhéroe, un duende, un hada o una tetera. Pero, en fin, por algo son ateos, porque no saben razonar. Como conclusión, si viene un ateo y dice que no cree que los duendes existan, eso no le ayuda a dar propuesta moral ni política.

La increencia es vacuidad y a lo vacío no se le saca nada.

Lo único que ha hecho hasta ahora el ateo es apropiarse de las morales de los religiosos, de las morales que le heredaron sus tutores, sus educandos, su cultura o su sociedad. En otras palabras, EL ATEÍSMO ES PARASITARIO DE LA MORAL DE OTROS, PORQUE SU ATEÍSMO NO SE LA PUEDE DAR. Dicho metafóricamente: la casa del ateo inicia vacía, pero habita su casa robándoles las cosas a sus vecinos, y todavía tiene el cinismo de decir que son suyas.

Si para el ateo no existe ningún Dios Creador, entonces la vida carece de sentido real, dado que, por lógica, únicamente seríamos partículas movientes y todo sería una ficción. Por supuesto, cada sujeto le puede dar el sentido que le dé la gana a la vida, pero no estamos aquí para hablar de los sentimientos particulares, sino lo teórico general.

Lo que le queda al ateísmo de modo coherente para sí mismo es la impronta, al igual que los animales, de la NORMA DEL MÁS FUERTE O EL MÁS ASTUTO. La diferencia entre los animales regidos por esa disposición es que estos lo hacen sólo para sobrevivir y no abusan, pero los humanos, si decidieran regirse por esa norma, en poco tiempo nos destruiríamos unos a otros. Entonces esa norma no les sirve a los humanos, ergo, lo que pudo aportar el ateísmo, no les sirve a los humanos.

Pero demos una oportunidad más al ateísmo y concedamos por un momento que efectivamente no existe ningún Dios Creador. Si fuera verdad, le podríamos arrebatar una propuesta científica: Dios no existe. A eso, ¿qué demostración científica se le puede sacar? Primero, tendrían que demostrar "científicamente" que Dios no existe. Pongo entrecomillado lo de "científicamente" porque hay que aclarar cosas antes de darlas por entendidas.

Hay dos tipos de ciencias: las empíricas y las teóricas. Las ciencias empíricas tienen como finalidad llevar a la práctica sus descubrimientos y aportaciones, y tienen que demostrar sus logros con reproducción experimental y predicción efectivas. Ejemplos de ciencias empíricas son la medicina, la química, la biología, la física... Las ciencias teóricas y sus deducciones son solamente por amor al conocimiento; su ciencia radica en que sus demostraciones sean verdaderas. Ejemplos de ciencias teóricas... Esas sí son discutibles, porque no se puede generalizar, van por autores o, mejor, por ideas concretas; digamos que pueden o no entrar las ciencias que tienen que ver con el actuar humano, pero no vamos a entrar a discutirlo aún.

Para lo que sí nos sirve esta división de las ciencias es para decir que la física teórica no tiene manera de ser una ciencia, sino al contrario, es un conjunto de supuestos, fantasías, cálculos matemáticos, que parten de falsos datos, conjeturas y más conjeturas. Los sujetos que van presumiendo que son físicos teóricos suelen ser ateos cientificistas con mucha imaginación, que pretenden pasar por científicos. La física teórica es charlatanería. En realidad, la única ciencia teórica es la Filosofía (con mayúscula), pero esa no ha llegado aún totalmente a la humanidad. Esperemos no tarde más.

Dicho esto, ¿a qué ciencias puede recurrir el ateísmo para demostrar que Dios no existe?, ¿a las empíricas o a las teóricas? A las empíricas no tiene manera, porque el objeto de estudio (Dios) no es su objeto. Queda saber si por ciencia teórica se puede demostrar la inexistencia de Dios. ¿Con alguna de las humanidades se puede lograr el propósito? Tendría que ser estudiando la conducta humana, ya sea con psicología, sociología, antropología, pero esas disciplinas son tan controvertibles y subjetivas que no pueden llegar a ser una ciencia estrictamente hablando. ¿Acaso estudiando las religiones y sus dioses se puede demostrar la inexistencia de Dios? A eso sí se ha dedicado el ateísmo, pero es un error, porque la idea de dios sí es subjetiva a final de cuentas, tanto que hasta los mismos ateos tienen una idea de dios; y justamente a su idea de dios es a la que le niegan la existencia. Por cierto, la idea de dios que tienen los ateos es la que les roban a los religiosos… Bueno, ni para eso son originales.

Los ateos no se han enterado de que la existencia o no existencia de Dios se hace estudiando la realidad física en lo más general, no las ideas o actos que tengan los humanos. En otras palabras, el tema de Dios se trata solamente en la Filosofía.

Están también las teologías, pero de esas hay tantas como religiones, y más que demostrar la existencia de su dios, son sólo defensa de sus dogmas de fe y sus doctrinas.

Queda solamente entonces hacer una demostración filosófica de la inexistencia de Dios, pero les informo que no existe tal demostración ni podrá existir. Hay unos remedos sofistas, pero son argumentos torpes, ingenuos, nada filosóficos, y una psicología de baja calaña.

En fin, he mostrado cómo el ateísmo no puede ser propuesta moral ni política ni científica. Dicho sarcásticamente: afirmar la inexistencia del duende Toto no sirve para nada, ergo la incredulidad atea no sirve para nada.

Curiosamente, si alguien creyera en la existencia del duende Toto y que él creó el cosmos y la vida, y que tal duende se le ha revelado y le ha dado mensajes de cómo deben vivir los humanos, eso sí le ayudaría para armar un tipo de religión, moral, política y demás.

La creencia en una deidad sí le da un sentido a la vida de los humanos.

Esto es porque a los humanos les es propio y necesario creer en las deidades y pensar en ellas, al menos mientras tengan madurez intelectual; tan es así, que los ateos no pueden evitar pensar en los dioses. Hasta los mitos cosmogónicos tienen más sentido y son más útiles que el ateísmo, que es inservible.

EL ATEÍSMO, EN SENTIDO ESTRICTO, SI ALGUIEN INTENTARA VIVIRLO COHERENTEMENTE, NO LO PODRÍA SOPORTAR. EL ATEÍSMO REAL ES IMPRACTICABLE, ES INHUMANO, ES INÚTIL.

Hasta ahora los ateos no han sido coherentes con el ateísmo, y para que empiecen a ser coherentes, se deben enterar de lo que no les corresponde como tales:

a) No les corresponde estar de antirreligiosos. Cuando se cree con fe que sólo somos materia y nada más, no importa que los demás monigotes materiales (humanos) tengan creencias provocadas por su suma de partículas en interacción, no hay justificación para entrometerse. El ateísmo no es propuesta moral, no es propuesta política, no es propuesta filosófica, no es propuesta social, no es propuesta científica, no es propuesta de nada. Cuando parece que el ateísmo propone algo, no es por sí mismo, sino porque se piratea las ideas de otras propuestas, como las morales religiosas. Una religión puede atacar otras religiones, por doctrina o por política, cuando hablamos de sociedades donde gobierna una religión que no quiere competencia para controlar con tal estructura religiosa particular. Otra religión puede ser muy respetuosa de la libertad de creencias y culto, y tolerar que haya las religiones que sea. Otra religión puede ser una excusa para promover guerras y genocidios en nombre de sus dioses y doctrinas. Pero esas cosas se resuelven con política, y el ateísmo no puede ser propuesta política, pues no se puede proponer nada a partir de la afirmación "el Sol no existe", como podrían decir los ciegos. ¿Acaso ese ciego, negador de la existencia del Sol, tiene autoridad moral o política para estar en contra de las religiones que le den culto al Sol? Ninguna autoridad, únicamente sería un ciego necio. Puede entenderse que tal ciego afirme que el Sol no existe, porque dice que no va a creer en lo que no ve, y está bien, es su problema o su asunto, pero eso no le da autoridad para querer imponer a los demás su increencia y todavía hacer juicios morales o políticos por su simple incredulidad solar, ni tampoco le justifica ir en contra de las religiones solares. LA SOLA INCREENCIA EN LA EXISTENCIA DE ALGO CUANDO ES MENTIRA NO SIRVE PARA NADA, NO SIRVE PARA CRITICAR CREENCIAS QUE PROPONEN ALGO. En su momento veremos que la existencia del Sol es tan evidente a los sentidos como lo es la existencia de Dios al entendimiento humano sano y maduro.

b) **No les corresponde andar de moralistas.** Sin justificar las incorrectas y hasta terribles acciones hechas por religiosos y a veces en nombre de sus dioses, eso no le da autoridad moral al ateísmo para ponerse de justo juez, porque dichos actos no representan ningún límite a las acciones humanas, y los ateos pueden actuar igual o peor. Así, cuando un ateo se pone a juzgar lo que a su parecer es una mala acción, no lo hace gracias al ateísmo, sino tal vez por la herencia moral dada por su educación o influencia de la moral religiosa. Si el ateísmo fuera coherente consigo mismo, daría la propuesta de comportarse como a cada uno se le diera la gana, al fin y al cabo, la libertad y la moral solamente son reacciones químicas; es decir, son meras ficciones. Y si la libertad es una ficción y la moral simple reacción química, entonces no hay fundamentos para juzgar nada, absolutamente nada. Les recomiendo a los ateos, con el fin de ser coherentes con su materialismo, empezar a actuar como vacas: sólo traguen y caguen, sin juzgar nada ni a nadie. A las vacas no les es propio pensar en dioses ni hacer juicios morales. A los humanos les es propio pensar en dioses, eso ni los ateos pueden evitarlo, pero al menos les pido que traten de fingir e imiten a las vacas.

c) No les corresponde andar de divulgadores científicos en nombre del ateísmo. Es también muy común una actitud ya de siglos de contraponer las religiones contra las ciencias. Los ateos dicen cosas como: "Yo no creo en dioses, yo creo en la ciencia". Repito lo que ya dije anteriormente: no hay ninguna ciencia empírica que tenga por objeto de estudio a un dios o al menos que pueda por sus métodos, experimentos, predicciones y demostraciones acercarse al tema de Dios. Tampoco hay ciencia teórica que pueda demostrar la inexistencia de Dios. Los llamados físicos teóricos, cuando se meten en el tema de Dios, sólo son personas con mucha imaginación y que existen porque no hay buenos filósofos que los pongan en su lugar y les demuestren sus charlatanerías. Prendan las alertas cuando digan cosas como: "La ciencia ha descubierto...". "La ciencia ha avanzado...". "La ciencia ha inventado...". "La ciencia bla, bla, bla...". Hablar así de ciencia, en abstracto, no es más que un vestigio ideológico de esa actitud de contraponer las ciencias contra las religiones. Deben hablar de ciencias, no de ciencia; o mejor deben hablar de sujetos en particular. No es lo mismo decir: "La ciencia ha descubierto la vacuna para tal virus", a decir: "La farmacéutica X ha descubierto la vacuna para tal virus", o mejor: "Juan Pelotas ha descubierto la vacuna para tal virus". Entre más específico, mejor. ¿Ven la diferencia? ¿Ven la ideología cientificista que está detrás de hablar de ciencia en abstracto? Además, las ciencias no son inocuas o inofensivas por sí mismas, pues también pueden descubrir o inventar en contra de los humanos: el mismo método para buscar vacunas saludables se puede usar para aniquilar humanos, muchas aportaciones de científicos hacen más mal que bien. Así que dejen de joder con que las ciencias deben ser puestas sobre las religiones y que el ateísmo es su vocero.

Por si no se percataron, desde los primeros párrafos de este capítulo, ya el ateísmo fue incinerado y vuelto polvo y humo, pero para dar herramientas de qué debatir con ateos, hemos puesto más argumentos y daremos más aún. En un capítulo posterior, demostraremos definitivamente la existencia de Dios.

Para que sea más evidente que el ateísmo no sirve para nada, vamos a analizar sus falsos argumentos y poner al descubierto su torpeza, de modo que expondremos los que pretenden ser más serios y que más influencia han tenido.

CAPÍTULO 2

Los torpes argumentos ateos

Cuando el ateo pregunta quién o qué creó a Dios

Los ateos, a propósito del argumento de la primera causa, dicen cosas como: "Dios no existe, porque no puede ser la primera causa del cosmos, porque, entonces ¿cuál es la causa de Dios?". Y como no podemos entrar en una infinidad de quién creó a ese dios y luego quién creó a ese otro dios, al infinito, por lo tanto, Dios no existe, porque bien pudieron ser causas físicas, y nada más. Más claro se ve en el siguiente silogismo —que, por cierto, está mal hecho—:

A. Todo lo que existe tiene una causa.
B. El cosmos comenzó a existir.
C. Por lo tanto, el cosmos tiene una causa.

Cuando este silogismo se utiliza para afirmar la inexistencia de Dios, los ateos ponen la primera premisa de modo incorrecta. La correcta dice: "Todo lo que COMENZÓ a existir tiene una causa". Por una razón extraña, a los ateos les da igual si usan cualquiera de las dos, las confunden. Es un absurdo lógico preguntarse por la causa de Dios, cuando Dios no tiene causa, es decir, Dios NO COMENZÓ a existir. ¿Es mucho pedir que no los confundan? ¿Es mucho pedir que entiendan que Dios no puede tener causa o no sería Dios?

No vamos a profundizar en una demostración de la existencia de Dios a propósito de este silogismo ni explicarles cómo es que Dios no puede ser causado, eso lo vamos a dejar para más adelante. Aquí lo que importa por el momento es que el ateo está preguntando un absurdo cuando cuestiona la causa de Dios. Si siguen de necios diciendo que es válido preguntar por la causa de Dios, vean que no tienen más salida que más absurdos; están en el callejón sin salida del absurdo. Tienen los ateos estos posibles dogmas de fe absurdos:

a. El cosmos no tuvo una causa, por lo que es eterno, no tiene ni principio ni fin.

b. El cosmos tuvo un comienzo, pero se produjo a sí mismo.

c. El cosmos tuvo un principio, pero se produjo de nada, por generación espontánea.

d. El cosmos se causa y destruye a sí mismo, una y otra vez, infinitas veces, sin necesitar un Dios Creador.

e. El cosmos tuvo un comienzo, pero por causas físicas o naturales únicamente.

f. El cosmos comenzó a existir por un Big Bang. Y aunque no sepamos exactamente cómo, creemos por fe que no participó ningún dios.

g. No hay manera de saber si la Causa del cosmos sea un Dios, y, aunque hoy no lo podemos demostrar, en un futuro la ciencia lo descubrirá y sabremos cuál causa física lo es. No llenemos los huecos con divinidades, sino que tengamos fe en la ciencia. (Estos brutos ateos no se enteran de que el ateísmo no tiene nada que ver con las ciencias). LAS CIENCIAS EMPÍRICAS SON INDEPENDIENTES DE SI CREES O NO EN UN DIOS. ¡Entiéndalo de una vez por todas!

¿Cuál o cuáles de estos absurdos dogmáticos van a elegir? ¡No sean cobardes ni deshonestos y elijan! Y elíjanlo como lo que es: un dogma de fe materialista.

Sean testigos que cuando el ateo asume que el cosmos no tiene causa divina, no tiene más opciones que asimilar su dogma de fe materialista, que, además, es absurdo y no tiene lógica razonable que lo sustente.

EL ATEO AFIRMA QUE DIOS NO EXISTE PORQUE LAS RELIGIONES Y SUS TEXTOS SAGRADOS SON INVENTOS PARA MANIPULAR A LOS DEMÁS.

Pongamos a la vista del entendimiento esto: los ateos a los que no les parece que existan las religiones, y se la pasan criticándolas, así como a sus dioses, son sujetos a los que NO LES PARECE QUE HAYA LIBERTAD DE CONCIENCIA Y CULTO; no les gusta que personas libres se reúnan a compartir sus creencias de fe, que hagan oraciones, rituales, cantos, alabanzas, que hagan procesiones, que escriban libros de sus doctrinas, que construyan centros de culto, que influyan en la sociedad. Al parecer, los ateos antirreligiosos estarían felices si las religiones estuvieran prohibidas, tal como ha pasado en sociedades comunistas, donde las religiones o no existen o solamente existen las autorizadas por el gobierno. Luego se contradicen y los vemos adorando a los líderes como si fueran semidioses, y a estos les encanta, así que ponen sus imágenes por todos lados para adoctrinar al pueblo desde la infancia. Son tiranos, pues, ¡ay de aquel que esté en su contra!: ES PORQUE LOS HUMANOS NO PODEMOS VIVIR SIN EL MODELO RELIGIOSO, PORQUE NOS ES PROPIO. Por eso hasta los ateos antirreligiosos toman su ateísmo tan en serio como si fuera una religión y les dan culto a sus doctrinarios ateos líderes.

Ya vimos que el ateísmo es un tipo de religión porque tiene lo básico: dogmas de fe (materialista), adoctrinamiento (hasta en centros escolares), lugares de reunión, líderes a quienes admirar y seguirles, libros en donde adoctrinarse, pero, sobre todo, SU DIOS MATERIALIDAD TODOPODEROSA, que creen que les ha creado, aunque sea de forma impersonal, únicamente les falta reconocerlo, porque divulgarlo y defenderlo ya lo hacen. Les faltarían los cantos, alabanzas y fiestas, pero esta carencia es porque la religión atea no tiene nada que festejar: es deprimente. Lo que les causa diversión es estar criticando las creencias de otros, cual envidiosos y resentidos, y prefieren verlas destruidas y al menor escándalo de algún religioso, allí sí que estarán prontos para aventar su veneno mojigato. Ha habido quienes proponen incluso una religión para ateos y agnósticos… Ojalá lo hicieran, así ya quedaría de manifiesto que vivir en una estructura religiosa es necesidad muy humana. Los ateos entonces deberían reconocer a su dios materialidad, impersonal pero todopoderoso.

Entonces, EL ATEO NO EXISTE EN REALIDAD, PORQUE TIENE SU PROPIO DIOS EN EL QUE CREE CON MUCHA FE. Pero seguiremos usando los conceptos de *ateo* y *ateísmo* sólo por fines de explicación, luego volveremos a este punto para concretarlo.

Cuando un ateo se pone a debatir con creyentes de modo serio, verán cómo preferirá definirse *agnóstico* con el tiempo, porque dado que su ateísmo es una mierda, mejor dice: "Ni tú ni yo tenemos razón cierta de la existencia o no existencia de Dios". ¡Son cobardes!

Los ateos lo pueden decir de otras formas, pero el punto es que a casi todos ellos les excita criticar las creencias y los textos sagrados de los religiosos. Podríamos decir que el ateísmo, en general, está fundamentado en la antirreligión. Es común encontrar a ateos/agnósticos debatiendo sobre la existencia de Dios con los religiosos; heredaron la pendejez marxista de que las religiones son malas y hay que destruirlas junto con sus dioses. Muchos despertaron su sensación atea porque tuvieron malas experiencias con religiosos y ya no les gustó la religión que les heredaron y, ¡zas!, se convirtieron al ateísmo y a sus dogmas de fe materialistas.

Los ateos tampoco tienen por qué inmiscuirse en la crítica de los textos que considera sagrados cada religión, a menos que sea para estudiarlos, pero no con la intención de criticar lo que dicen y con ello afirmar que sus dioses no existen. Hay personas honestas que estudian las religiones no para mofarse de ellas, sino, al contrario, para encontrar la riqueza simbólica y trascendental del fenómeno religioso.

Hay algo de lo que casi nadie es consciente: la importancia que le dan a esta o aquella religión radica en que sean influyentes o hegemónicas, lo cual es un error. Si una religión es solamente de un grupo reducido de personas, sin poder ni influencia, definitivamente los ateos antirreligiosos no se molestarían en leer sus textos sagrados ni en mofarse de sus dioses. Si se es de mentalidad objetiva, daría igual cuántos seguidores tiene esta o aquella religión, porque ya saben que la verdad no es cosa de mayorías, sino que bien la puede tener un número pequeño de personas. Sin embargo, de modo oportunista, los ateos antirreligiosos se enfocan en las religiones con mayor número de seguidores, mayor poder, mayor influencia histórica o por su hegemonía vigente. No es casualidad que los ateos antirreligiosos se enfoquen a la crítica del cristianismo, porque es el que más ha influido en el mundo; no obstante, eso no debe importar para quien busca honestamente si existe o no Dios. No es lo mismo decirse ateo a declararse anticristiano; los anticristianos bien pueden ser personas de otras religiones con otros dioses. Para los que se dicen ateos: entiendan que LOS DIOSES DE LAS RELIGIONES SE CREEN POR FE, NO POR RAZONAMIENTOS LÓGICOS. Eso no las invalida, porque a final de cuentas las ideas de dios son personales y cada cual tendrá su propia idea. ¿O no se puede ser libre ni en la conciencia? ¿Qué hacen los ateos tratando de meterse en tratar de destruir la idea de dios que hay en las conciencias, si no tienen ninguna autoridad ni moral ni filosófica para hacerlo?

EL ATEÍSMO HA DE FUNDAMENTAR SU NEGACIÓN DE LA EXISTENCIA DE DIOS NO EN

OBSERVAR LA CONDUCTA HUMANA (COMO EL FENÓMENO RELIGIOSO), SINO OBSERVANDO EL MUNDO FÍSICO EN GENERAL, tal como lo haría una auténtica filosofía. Empero, si se sabe filosofar, no hay otro camino que concluir que Dios existe, si no es así, entonces no ha filosofado, sólo se ha construido un cúmulo de sofismas. UN AUTÉNTICO FILÓSOFO NO PUEDE SER ATEO NI AGNÓSTICO NI SIQUIERA PANTEÍSTA. Después profundizaremos más sobre esto y les diré paso a paso cómo razonar filosóficamente para quien lo necesite y sepa, por fin, cómo se demuestra la existencia de Dios.

CUANDO EL ATEO DICE QUE DIOS NO EXISTE, PORQUE SI EXISTIERA NO SERÍA BUENO, Y SI NO ES BUENO, ¿PARA QUÉ LLAMARLE DIOS?

Esta idea responde a lo que hemos dicho: la idea de dios de los ateos está en referencia a la que piratean de los religiosos, lo cual es un error. Cuando un ateo dice: "Dios no es bueno" es porque está criticando lo que hace cierto dios o dioses en los textos religiosos. Si en un texto religioso se lee que un dios aniquiló a tal pueblo por pecador, ya con eso los ateos concluyen que dios no es bueno; al igual que si se leen tales textos considerados sagrados y se encuentran innumerables hechos violentos, entonces increpan: ¿cómo es que su dios lo mandata o no hace nada para evitarlo? De ahí infieren que dios no es bueno porque hay mucha maldad en el mundo, muchas guerras y genocidios; porque seres inocentes como los niños mueren de cáncer o de hambre... Arguyen: "¿Qué le pasa a ese dios que dicen los religiosos que es bueno, pero permite tales barbaridades?".

Al respecto dice el ateo: "A mí no me engañan, si dios existiera sería bueno y no permitiría ni la enfermedad ni la muerte de nadie, mucho menos de seres inocentes como los niños, que deberían ser inmortales e invencibles (en lo que se hacen adultos). Un dios bueno impondría la paz en la Tierra, y al que intentara hacer daño al prójimo, lo haría bueno e inofensivo sin importar su libertad. Tampoco permitiría las catástrofes naturales, sino que viviríamos en un paraíso, donde todos seríamos buenos, nobles, felices…, tal como unos angelitos hermosos y luminosos. Así sí creo en dios y diría que es bueno".

Disculpen el sarcasmo, pero es tan ridículo este argumento que no inspira otra cosa. Ya vimos que la moralidad es propia de los que creen en dioses, y los ateos, agnósticos y panteístas sólo piratean la moral de los religiosos o de los que saben que hay un Dios Creador. Porque repito: ¿de dónde sacan morales o normas de conducta aquellos que piensan que únicamente somos una suma de átomos y moléculas y nada más? Para alguien que sabe que hay un Dios Creador, es un hecho que la vida es más que una suma de átomos y moléculas; algunos le llaman *alma*, otros, *espíritu*; los antiguos le llamaban *soplo de vida, dynamis, ánima, eidos…* Hay muchos nombres, pero el punto es que saben que los átomos y moléculas no pueden por sus solas potencias, tener la manera de INDIVIDUALIZAR LA MATERIA, es decir, crear individuos, animales, personas, seres vivos, entes vivientes. Quien no acepte que, a aparte de la materia, hay un alma que da la vida, tendrá solamente la salida de creer con mucha fe en el dogma materialista y cientificista de la todopoderosa materialidad.

El ateo debe ser coherente con sus dogmas de fe, con los cuales deja de lado toda moralidad. Porque ¿con qué fundamento uno se pone a juzgar de bueno o malo, algo de lo que no se es responsable? ¿se puede juzgar moralmente una máquina? ¡Obvio no! Ah, pues para el ateísmo no somos más que algo menos que máquinas constituidas por poderosos átomos sumados e interactuando mágicamente haciendo cosas que ingenuamente llamamos seres vivos. Y dije "menos que máquinas" porque las máquinas son inventadas por la inteligencia humana, en cambio, los todopoderosos átomos no necesitan de inteligencia, sino sólo de su magia material.

Entonces, si para los ateos no hay libertad más que por ficción humana, o sea, no hay moral disponible para ellos a menos que se la pirateen de otros no ateos, ¿qué hacen juzgando moralmente a un Dios en el que ni siquiera creen? Además, morales hay tantas como personas, como religiones o culturas haya. ¿Con qué moral están juzgando que tal fenómeno no es para un dios bueno? ¿De cuál dios están hablando?... ¡Claro!, están juzgando moralmente a un dios de alguna religión, sobre todo si esa religión es famosa o influyente.

Pero hay algo más, que de hecho es lo más importante; es más, hasta los religiosos se deben enterar: DIOS NO PUEDE SER JUZGADO CON LA MORAL HUMANA. Si los religiosos lo hacen, es por sus dogmas religiosos y porque es una reacción puramente humana, pero no es de sabios. Si a los mismos animales no podemos juzgarlos con nuestra moral humana, es decir, hagan lo que hagan los animales, no los vamos a medir con nuestra moral humana, porque sería una tontería; infinitamente con menor razón, se puede juzgar al Creador del cosmos y la vida, por la simple razón de que no es un humano filosóficamente hablando y porque hay que dejar de lado los dogmas religiosos particulares que antropomorfizan a un dios.

LA MORAL ES UN INSTRUMENTO INVENTADO POR HUMANOS Y PARA HUMANOS QUE SIRVE PARA REGULAR LA CONDUCTA HUMANA Y TENER CIERTO CONTROL.

Ahora resulta que los ateos se creen tan moralistas que pueden estar por encima de un Dios y juzgarle con su miserable moral; y, peor todavía, creen que pueden suponer lo que debiera hacer o no hacer un dios, según la idea imaginaria que tienen de él.

Lo que deben entender los humanos, sean ateos o no, es que LA VIDA ES COMO ES y es perfecta así, o no habría lugar para seres vivos como los conocemos. Este es un bocado difícil de tragar, pero todos los fenómenos físicos tienen un sentido, hasta las catástrofes físicas que tanto tememos, a final de cuentas, son necesarias, a menos que sean provocadas por la idiotez humana. Nadie, ni siquiera los niños inocentes, pueden estar libres de la muerte o la enfermedad; no hay sitio para humanos invencibles o inmortales. Si sabiéndonos mortales y frágiles, aun así, podemos ser unos perversos y avariciosos, ¿se imaginan cómo seríamos si fuéramos invencibles e inmortales? La inmortalidad y la invencibilidad no son para humanos; para ninguno, así sea un pequeño infante inofensivo.

Cuando un ateo dice que un dios bueno no dejaría que pueblos enteros mueran de hambre, esperando que su dios imaginario les mande una lluvia de hamburguesas una vez al día al menos, primero debe aquel asumir la propia responsabilidad humana, social, política y cultural. El dios imaginario de los ateos debería, según se imaginan, evitar las guerras y maldades humanas y regular la libertad: si un sujeto quiere violar a alguien, pues que su dios imaginario le haga que se le caiga el pene antes y le haga entender que no debe hacer eso; si un sicario o terrorista quiere matar gente inocente, un dios imaginario de los ateos haría que, en lugar de matar, el sicario o terrorista fuera regulado en su libertad y estuviera obligado a aventar flores, abrazos y bendiciones, en lugar de balas y bombas... Disculpen no poder evitar el sarcasmo, es que nuevamente afirmo que son tan bobas estas ideas que no puedo o no quiero evitarlo. Espero que basten estos ejemplos. Recuerden que "Al buen entendedor, pocas palabras".

CUANDO EL ATEO EXIGE QUE LE PRUEBEN LA EXISTENCIA DE DIOS

Es muy común escuchar a los ateos decir: "La carga de prueba es de quien afirma que Dios existe", y con ello se atreven a exigir que les demuestren que su dios o Dios existe, y, peor, ni siquiera son capaces de decir qué tipo de prueba les sería suficiente para dejar su ateísmo, porque se darían cuenta de que sólo dicen pendejadas. Exigir que les demuestren la existencia de Dios, porque es obligación de quien dice que sí existe, ¡ES UNA GRAN IDIOTEZ! Y enumero las razones:

1. Eso de la "carga de prueba" es solamente para asuntos de leyes jurídicas. Se usa para cuando alguien acusa a alguien de algún delito, pues debe llevar las pruebas, con lo que, efectivamente, tiene la carga de prueba. PERO ¡NO ES PARA ASUNTOS FILOSÓFICOS! Si el ateo AFIRMA —porque también es una afirmación— que, según su idea, tal dios no existe o que -tal dios de alguna religión no existe, pues ¡lo debe demostrar! Si con remedos filosóficos, el ateo dice que el cosmos y la vida no necesitan un Dios para ser posibles, entonces, ¡que lo demuestre! ¡Al menos que lo intente! Y lo repito, que no lo haga estudiando religiones, sino el fenómeno físico, tal como lo hacen los auténticos filósofos.

2. El creyente no tiene ninguna obligación de demostrar que su dios existe. Si un creyente le ayuda a demostrarle la existencia de Dios, lo hará porque él quiere, pero no será porque esté obligado, y si no quiere, no hay nada que le obligue.

3. El ateo puede indagar por sí mismo si existe un Dios o no, estudiando el mundo físico y nada más. Si no puede o no sabe cómo, que pida el favor, pero no por obligación, y si elige el dogma de fe materialista, es su problema. Aunque es un hecho que no hay manera de demostrar la inexistencia de Dios de manera veraz, pero, por exigencia teórica, al menos ha de intentarlo.

4. Ya entendido esto, podemos decir que tampoco el ateo tiene carga de prueba de la NO existencia de algún dios siempre y cuando se quede callado y no trate de

divulgar, como si fuera una religión, su ateísmo, y menos que diga que lo hace en nombre de alguna ciencia. Lo único que debe hacer es asumir que su incredulidad es su dogma de fe materialista, y callado es mejor, nada de andar debatiendo con religiosos o jugarle al remedo de filósofo o pensador y esperar que los religiosos respeten su incredulidad, como él respeta la credulidad de los religiosos. Pero si anda de divulgador de su basura atea y hasta se atreve a debatir con alguien que sabe que Dios existe, entonces sí ha de demostrar la inexistencia de Dios si quiere ser honesto consigo mismo y buscar la verdad.

5. Los dioses de las religiones se creen por fe; si usted no quiere creer en ellos, pues ¡no lo haga y se acabó! No insista en que se lo demuestren, sobre todo cuando sabe que lo único que usted busca es aventar veneno a las creencias de otros. Entre religiones o teologías, se pueden hacer pedazos teóricamente, ya que están en juego sus dogmas de fe y sus dioses, pero ¿tiene motivos teóricos el ateo para defender su dogma materialista si tal dogma no sirve para nada a la humanidad? Ciertamente, ¡no! Tenía más sentido cuando los antiguos defendían sus dioses, sus mitos y su religión, aunque ya nadie crea en ellos, porque les estaba en juego su sentido de la vida y hasta su organización social. En cambio, ¿para qué defender lo que es peor que basura como el ateísmo? Mejor guarde su incredulidad para sí mismo o abandónela, si es que prefiere ponerse de lado de lo más razonable.

6. Es típico de los ateos exigir que les demuestren la existencia de Dios, pero piden una prueba extraordinaria, porque, según ellos, "una afirmación extraordinaria, requiere pruebas extraordinarias". Ya vimos que es una tontería exigir pruebas, pero más tonto es pedir y esperar pruebas "extraordinarias". Empero, los ateos que piden pruebas de la existencia de Dios son tan deshonestos que si les preguntas a qué se refieren con eso de "prueba extraordinaria" o si pueden dar un ejemplo, ¡no dicen ni un carajo! Si alguien llegara a dar un ejemplo de una prueba extraordinaria de la existencia de Dios, es seguro que van a decir alguna pendejada como: "Que dios se aparezca para verlo". (¿Y lo esperas ver con forma humana, imbécil?). "Que mande una lluvia de hamburguesas a los pueblos que están muriendo de hambre". (¿No te parece bien que primero mande un menú, porque no todos van a querer comer lo mismo o se van a aburrir de un solo alimento?). "Que haga desaparecer las guerras entre humanos y los desastres naturales". (¿Y que también se elimine la libertad y responsabilidad humana?. ¿Qué te parece si ese dios que está en tu imaginación ateoide nos convirtiera a los humanos en vacas y así todos somos buenos y sin responsabilidad de los actos?). "Que dios nos haga un espectáculo en los cielos y que forme con las nubes o las estrellas la leyenda '¡Yo existo!'". (¿Y que sea en todos los idiomas? ¿Y que lo haga continuamente, porque las siguientes generaciones no nos van a creer y dirán que tal espectáculo es un truco? ¿Y POR QUÉ UN DIOS

CREADOR HA DE HACER LO QUE PIDA TU MISERABLE IMAGINACIÓN Y CAPRICHO? ¿NO TE ES SUFICIENTEMENTE EXTRAORDINARIA LA VIDA Y EL ORDEN DEL COSMOS, EH, INSENSATO?).

CUANDO EL ATEO DICE QUE DIOS ES IMAGINARIO E IGUAL A CUALQUIER PERSONAJE INVENTADO POR LOS HUMANOS

Típico, escuchar tonterías ateas como: "Dios es imaginario, al igual que los gnomos, hadas, duendes, Superman...". "Dios es un invento humano que se pone en lugar de lo que no se puede explicar y se aprovecha de los huecos que tiene la ciencia". (Recuerden que cuando los ateos hablan de ciencia, así en abstracto, es por ideología manipuladora, no algo real). "Los dioses son producto de la ignorancia, del miedo a lo desconocido, a la muerte, la enfermedad y los fenómenos imponentes del mundo físico". "Los dioses están hechos a imagen de los humanos"...

Lo que no entienden los ateos es que existen cosas que se llaman analogías y que hay que saberlas usar. Como un Dios Creador está más allá del entendimiento humano, lo único que podemos hacer los humanos es una analogía de él para que pueda ser representado en la conciencia humana. Lo que hace que Dios sea considerado como tal es que es CREADOR DEL COSMOS Y LA VIDA. Si van a hacer una analogía de un Creador del cosmos y la vida, no caben personajes como los mencionados, que no tienen nada que ver con la Creación de todo. Los gnomos, duendes, hadas, Superman... no sirven para hacer analogía de una deidad. ¡Entiéndanlo de una vez por todas! Si van a comparar a Dios con algo, pueden poner los ateos a su todopoderosa materia, que es el dogma materialista del ateísmo. El dios de los ateos (entonces, no hay ateos reales), o sea, la todopoderosa materia, sí que es un dios imaginario, porque aquellos no tienen absolutamente ningún argumento válido a su favor, mucho menos una demostración científica o filosófica. Si no hay manera de imaginar tal abstracto de la diosa todopoderosa materia, infinitamente menos es posible imaginar un Dios que creó el cosmos y la vida. Lo que hay disponible es una representación antropomórfica o simbólica, como las que usan las religiones, lo cual es válido porque los humanos no podemos hacerlo de otra manera. No hay modo de que las ideas no pasen por el filtro humano y sus límites.

Dicho de otra forma, vamos a distinguir entre dos palabras: REPRESENTACIÓN e IMAGINACIÓN. La diferencia esencial es que la representación es simbólica y la imaginación trata de apegarse a lo que ES o SERÍAN las cosas.

Por ejemplo:

- Nadie puede imaginar el infinito, pero sí lo puede representar simbólicamente: ∞.
- Nadie puede imaginar la energía, tal como ES o SERÍA, sólo representarla simbólicamente, con letras, números, dibujos, fórmulas, imágenes, etcétera.
- Un objeto puede representar a tu madre, pero no es tu madre ni su imagen de cómo es en la realidad. No te imaginas a tu madre en forma de ese objeto.

Así sucede con Dios: NADIE PUEDE IMAGINAR A DIOS, porque está inmensamente fuera del alcance del entendimiento humano, pero sí lo puede representar simbólicamente de miles de formas: como un triángulo con un ojo; como una persona de barba blanca; con la palabra DIOS; con una escultura; con una imagen; como un amigo; como una madre; como un Sol; como un trueno..., en fin, de miles de formas, y cada uno puede representarlo o simbolizarlo como quiera.

Por otra parte, cuando se trata de IMAGINAR, es cosa de tratar de pensar tal como SON o SERÍAN las cosas o personas.

Por ejemplo:

- Cuando tratas de imaginarte a ti dentro de 10 años, lo haces imaginando como realmente podrías ser, no simbólicamente.
- Si alguien te pide que imagines tu auto ideal, no lo haces simbólicamente, sino como podría ser en la realidad.
- Si alguien te pide que imagines un hada, un unicornio, un espagueti con albóndigas, un pitufo, una tetera voladora, etcétera, no lo haces simbólicamente, sino, si existieran, como serían en la realidad.

En cambio, A DIOS NO SE LE PUEDE IMAGINAR COMO SERÍA EN LA REALIDAD, SINO SOLAMENTE REPRESENTAR SIMBÓLICAMENTE.

Por lo tanto, DIOS NO ES EN NINGÚN SENTIDO IMAGINARIO. Cuando los ateos hacen mofa o burla de que

Dios es un ser imaginario, simplemente están diciendo UNA TREMENDA PENDEJADA.

Puedes imaginar sin problema todos esos personajes de ficción e inventar los que se te ocurra, pero no se puede hacer analogía de un Dios Creador con estos personajes, ni se justifica intentar imaginar algo que está fuera de la imaginación humana. Recordemos que el ateo es tan pendejo que su idea de dios la toma de las religiones (porque es un pirata y ladrón de ideas de otros), cuando su idea de dios debe ser filosófica, no religiosa, y FILOSÓFICAMENTE DIOS ES INIMAGINABLE. Por otro lado, eso de que Dios es inventado por los huecos que tienen las ciencias es otra idiotez más de los ateos. Ya lo dijimos en el primer capítulo, pero vamos a repetirlo: LAS DISTINTAS CIENCIAS TIENEN OBJETOS DE ESTUDIO PROPIOS Y NO PUEDEN SEPARARSE DE SUS OBJETOS DE ESTUDIO SIN DECIR FALACIAS. NO HAY NINGUNA CIENCIA EMPÍRICA QUE TENGA POR OBJETO DE ESTUDIO A UN DIOS CREADOR. Así que eso de que en algún momento en el futuro una ciencia empírica va a confirmar que no existe un Creador del cosmos y la vida ¡es ¡simplemente una gran idiotez! No hay huecos científicos que llenar en el tema de Dios, porque no está en su área de estudio. LA ÚNICA DISCIPLINA A LA QUE LE ES PROPIO EL TEMA DE LA EXISTENCIA DE DIOS ES LA FILOSOFÍA, ni siquiera las distintas teologías, porque las teologías ya dan por hecho y como verdad absoluta que su dios o dioses existen, y lo creen por fe. La filosofía es por razón y la teología es por fe. El ateísmo debe dejar de estar de metiche con las teologías y enfrentarse con la filosofía auténtica.

Podrá objetar alguien que si la diosa materia es el dios de los falsos ateos, entonces si hay ciencias que estudian la materialidad, sí se puede tener por objeto de estudio a un dios como el de los falsos ateos. El problema aquí es que no se puede estudiar algo totalmente imaginario e indemostrable. Se estudia la materia, las energías, las fuerzas, lo físico y químico, pero no pasa de allí, y todo es por fines prácticos, nunca teóricos, como un Dios. Lo único que se puede estudiar es el dogma materialista ateo, aunque más que estudiar sería hacerle cultos de fidelidad y divulgación de su fe.

Repiten y repiten los ateos que los dioses son producto del miedo a lo desconocido, a la muerte, a las catástrofes físicas, etcétera, y lo que no entienden es que, aunque esas cosas tengan cierta influencia, lo misterioso y asombroso despierta en los humanos, y nada más que en los humanos, el impulso de conocer las causas primeras de tales fenómenos; es decir, la deducción de que la vida es causa de una deidad o deidades no es producto de la ignorancia, sino, por lo contrario, es un nivel superior de inteligencia. Si los humanos no se preguntaran por lo que hay más allá de lo aparente (como parece que esperan los torpes ateos que ojalá nadie pensara en dioses), no sería un avance de la humanidad, sino un retroceso. Sin embargo, NO HAY MANERA DE QUE LOS HUMANOS DEJEN DE PENSAR EN LOS DIOSES; ASÍ FUE Y ASÍ SERÁ SIEMPRE QUE HAYA HUMANOS.

Hay que poner en claro que desde que hay registro de la existencia de los humanos, la creencia en los dioses es inherente y necesaria. Aunque tales dioses o religiones antiguas ya no tengan más seguidores o hayan desaparecido tales religiones, eso no significa que eran menos inteligentes que los humanos de hoy o del futuro. A final de cuentas, los dioses o Dios sólo pueden ser representados simbólicamente, porque son algo que va más allá del entendimiento humano: ningún humano puede aprehender un Dios en sí, tal cual es, ni ahora ni nunca. Lo importante es que la inteligencia humana nos permite hacernos preguntas filosóficas o metafísicas. Por lo tanto, eso que esperan los ateos de que desaparezca la idea de dios, sus cultos y religiones, lejos de ser una propuesta de mayor desarrollo intelectual es fantasear con que seamos como bestias que no pueden filosofar. En realidad, en la práctica ni los ateos pueden evitar dejar de pensar en los dioses, aunque critiquen a los dioses de los otros, pero defiendan a capa y espada a su deificada todopoderosa materialidad. Recordemos que los dioses no necesariamente deben ser representados como seres personales, pueden ser representados como impersonales, amorfos e inefables. Así que, efectivamente, los ateos reales no existen.

CUANDO EL ATEO DICE QUE CREEMOS EN DIOSES PORQUE NOS LO HEREDARON, PORQUE SI HUBIERAS NACIDO EN X LUGAR, CREERÍAS EN EL DIOS DE TAL X LUGAR, PERO SI HUBIERAS NACIDO EN XX LUGAR, CREERÍAS EN EL DIOS DE XX LUGAR

Efectivamente, las creencias en dioses particulares y las religiones heredadas por los tutores o por influencia de la hegemonía de alguna religión determina, casi siempre, el creer en tales dioses y tales religiones. Esto es inevitable, porque los humanos así funcionamos, creemos lo que nos dicen y hacemos lo que los otros nos dicen. Es hasta que llega cierta madurez cuando ya puede haber cierto discernimiento para seguir con las ideas heredadas, profundizarlas, reinterpretarlas o renunciar a ellas. Esto sucede no solamente con las doctrinas religiosas, sino con muchas cosas que te enseñan por distintos medios, como en las escuelas, la cultura, las tradiciones, los libros, etcétera. Es un hecho que las religiones tienen una función social y muchas veces hasta política, así que, si se promueven o defienden, hay motivos justificables.

Ahora bien, eso no justifica el ateísmo en ningún sentido. El ateísmo no se justifica con fenomenología religiosa o con psicología mal hecha. El ateísmo se debería justificar con el estudio de lo físico o con filosofía; aunque al estudiar lo físico y luego filosofar adecuadamente, el ateísmo sale por la puerta de atrás, hacia el basurero. Sin embargo, en teoría, el ateísmo se debería aplicar en estudiar el mundo físico, y si cree que con ciencia empírica puede concluir que ningún dios existe, simplemente ha de demostrarlo con experimentación exitosa, con predicción exitosa, con aplicaciones prácticas exitosas. En otras palabras, demostrar que la vida se da espontáneamente por las potencias materiales y físicas, sin que intervenga nada fuera de la materialidad. Se trata de demostrar la generación espontánea simulando los eventos físicos que supuestamente encienden la chispa de la cosa vida, con toda su diversidad y maravilla. Por supuesto, no hay manera de demostrar eso con éxito; sólo hay, como sabemos, muchas conjeturas imaginarias cientificistas. Pero el punto es que así se debe justificar el ateísmo: o con ciencia empírica o con filosofía, no con fenomenología o sociología religiosa, ni tampoco haciendo historia de las ideas de dioses.

Por lo tanto, este argumento es una falacia o sofisma, es otra pendejada atea que acude a trucos sentimentaloides a falta de ciencia o filosofía.

CUANDO EL ATEO DICE QUE EL COSMOS NO ES CREACIÓN DE UN DIOS PORQUE ES IMPERFECTO AL IGUAL QUE LA VIDA

Cuando los falsos ateos dicen cosas como que el cosmos y la vida no pueden ser obra de un Dios porque son imperfectos, nuevamente hacen gala y presumen su idiotez. Por ejemplo, si alguien exhorta a los falsos ateos a decir por qué considera a los humanos imperfectos, como ejemplo de la imperfección de la vida, ¿qué creen que van a responder? Sí, ¡puras tonterías! O señalarán cosas superfluas, como que tienen muelas del juicio o apéndice, o que se les eriza la piel, o que las orejas tienen un lóbulo. Ya está demostrado que todo tiene una función. ¿Acaso van a decir que los humanos son imperfectos porque se enferman y mueren, o sea, porque no son inmortales? ¿Van a decir que los humanos son imperfectos porque hacen maldades?, ¿o sea que no deberían tener libertad?, ¿o sea que deberían ser como las vacas para ser más perfectos? ¿Acaso van a decir que los humanos son imperfectos porque están sujetos al sufrimiento y al dolor? ¿Se imaginan que los humanos fueran invencibles e insensibles?: ¡qué horror!? ¿Acaso van a decir que los humanos deberían de tener una inteligencia sobrehumana para que fueran más perfectos? ¡Qué tontos! Porque si los humanos fueran un poco más inteligentes de lo que son, el ateísmo desaparecería completamente. ¿Acaso dirán que los humanos serían perfectos si tuvieran alas? Esa idiotez, si alguien lo pensó seriamente, no se ha puesto a imaginar lo estorbosas que serían. Y no sigamos, porque cada vez serán preguntas más idiotas que podrían decir y han dicho los falsos ateos. Lo que sí podemos es seguir con los demás seres vivos, pues si les preguntas a los falsos ateos por qué los consideran imperfectos sólo dirán idioteces. LOS SERES VIVOS SON PERFECTOS, ASÍ COMO SON, PORQUE SI NO FUERA ASÍ, NO EXISTIRÍAN COMO SON. Parece un juego de palabras, pero si construimos en nuestra imaginación seres "perfectos", como lo imaginan los ateos, entonces los humanos no serían humanos. ¿Es tan difícil entender esto?

Cuando los falsos ateos hablan de la imperfección del cosmos, la cosa se pone peor de absurda. Son cosas que solamente dicen a lo bobo los ateos, pero nunca se lo han preguntado seriamente o sólo lo hacen criticando algún texto religioso. Si se les pregunta a los falsos ateos por qué dicen que el cosmos es imperfecto, como es de esperarse, dirán absurdos. Dicen que el cosmos sería perfecto si no tuviera huecos sin mundos con seres vivos, que porque creen que hay mucho espacio sin usar; esto es por poner un ejemplo. Estas tonterías ateas no merecen una consideración siquiera, porque son demasiado torpes. Baste decir que la vida no sería posible si el orden del cosmos fuera distinto. ¿Acaso los falsos ateos deliran al imaginar un mundo ideal, más fantasioso que los antiguos mitos cosmogónicos, su *topus uranus?*

CUANDO EL ATEO DICE QUE LA AUSENCIA DE EVIDENCIA NO ES EVIDENCIA DE AUSENCIA

Esta frase la utilizan los ateos para justificar que no tienen evidencias de la inexistencia de Dios y que por ahora no pueden demostrar la inexistencia de Dios. Pero eso no significa que Dios exista, sólo tienen la esperanza de que, en el futuro imaginario, una ciencia lo logre.

Atrás ya dijimos que las ciencias empíricas no pueden meterse en este tema. Entonces, ¿qué tipo de ciencia imaginan que está capacitada para demostrar la inexistencia de Dios? La única que conozco, aunque no es una ciencia real, sino una pseudociencia, es la física teórica, que no es más que especulaciones que, por más cálculos matemáticos que le pongan, no dejan de estar basados en falsos datos sacados de la imaginación y de supuestos. De hecho, estos charlatanes han desperdiciado muchísimos recursos materiales y económicos en construir máquinas que iban a descubrir las "partículas elementales" y cómo se formó el Cosmos. Estos sujetos son tan fanáticos con su ateísmo y cientificismo que, en lugar de invertir el dinero y los recursos en cosas útiles para los humanos, prefieren derrocharlos para alimentar las conjeturas imaginarias, ateas y cientificistas.

He llegado el momento de ser honestos y coherentes con su

dogma ateísta y tratar de defenderlo DEMOSTRANDO que el cosmos y la vida son originados solamente por generación espontánea casual y se mantiene por la sola magia y superpoderes de lo físico o material. No hay más tiempo que perder; no quieran esperar siglos para que un ocurrente les narre un cuento materialista y les diga que es una ciencia. Les ayudo con indicarles que el tema de la existencia de Dios está en la cancha de la filosofía, y nada más. Intenten filosofar, aunque son pocos los que realmente saben lo que es filosofar, porque la mayoría de supuestos filósofos no filosofaron en realidad, solo jugaron a los moralistas, a los politólogos, a los antropólogos, a los sociólogos, a los antirreligiosos, a los lingüistas, a los sofistas... Lo que sí es adelanto es que, si filosofan de verdad, ayudarán a sepultar muy profundo al difunto ateísmo.

CUANDO EL ATEO DICE QUE EN LOS PAÍSES DONDE HAY MÁS ATEOS HAY MENOS VIOLENCIA

Estamos observando la degeneración de los supuestos argumentos ateos, que cada vez son más ridículos y desesperados. Sinceramente, esta idea de ateos ingenuos no merece ser considerada algo serio. Si hay sociedades, pueblos o países donde las tasas de delincuencia son bajas y cárceles casi vacías, es por razones multifactoriales, como el tamaño de la población, la situación geográfica, la historia, la herencia moral (seguro religioso), el tipo de gobierno y sus regulaciones, la situación económica, etcétera, pero nunca estará presente la fórmula más ateos = menos delincuencia, porque ya vimos que el ateísmo no puede tener ninguna propuesta moral por sí mismo. Es claro que también ha habido sociedades de prevalencia atea que han hecho atrocidades. Si el ateísmo fuera coherente consigo mismo, tendría que imperar en el mundo la ley del más fuerte o el más astuto, porque para el ateísmo sólo somos sumas de átomos o máquinas que existen por simple azar material y nada más. También hay que considerar que muchos ateos se portan bien, en reacción a llevar la contraria de los religiosos malvados, pero esa moralina no la maman de la teta del ateísmo, sino que simplemente lo hacen por llevar la contraria, porque también hacer el mal es cosa que da placer. Sin ningún impedimento, un ateo puede ser tan perverso como el que más, porque no hay ningún imperativo real a qué sujetarse y solamente queda que nadie le descubra u obedecer a las leyes civiles por miedo a los castigos de una sociedad en particular.

CUANDO EL ATEO DICE LA TONTERÍA DE QUE SI PUEDE DIOS HACER UNA PIEDRA TAN PESADA QUE ÉL MISMO NO PUEDA LEVANTAR

Ya no sé cuál idea proatea es peor, pero esta sí se lleva varios premios a la idiotez.

En primer lugar, esa idea viene por herencia de las concepciones antropomórficas de las religiones (repito que esto no es inválido, porque los humanos sólo podemos asumir a las deidades de esa forma) cuando solamente en filosofía la idea de Dios es incognoscible en sí y no es para nada antropomórfica y lo único que sí puede deducir con verdad la filosofía es su existencia y que es la causa del cosmos y la vida. La mayoría de los atributos divinos pertenecen a las diversas teologías, no a la filosofía. El ateo ha cometido siempre el error de pensar únicamente en reacción de las teologías y sus ideas de dios. EL ATEÍSMO NO HA SALIDO DE LA CASA DE LAS TEOLOGÍAS RELIGIOSAS Y ALLÍ DENTRO ES DONDE AVIENTA SU MIERDA Y VENENO. ¡Salgan, cobardes ateos, y enfréntense a la filosofía auténtica!, o habiten su propia casa atea, aunque sea peor que basura.

Los atributos divinos que pertenecen a las teologías son, por ejemplo, Todopoderoso, Omnisciente, Omnipresente, Amoroso, Rey, Mesías, Padre, Madre, Misericordioso, Justiciero, Sabio, Santo, Perfecto, Bueno, Personal, etcétera. Si observan, estos atributos son también humanoides, sólo que en grado superlativo o infinito.

Los ateos dicen pendejadas como esa de que "Si tu dios es todopoderoso, ¿puede hacer una piedra que ni él mismo pueda levantar? Si no puede, entonces no es todopoderoso; entonces no es dios; entonces dios no existe...". Sí, ¡así de idiotas son los razonamientos ateos! Como es un atributo propio de las teologías, los ateos deben ignorarlos y dejarlos a la libertad de creencia y culto. Y aunque fuera así, ¿por qué rayos un dios obedecería a las ocurrencias y berrinches de los humanos y más si son tan absurdos y tontos?

En filosofía los atributos divinos se limitan al Creador (del cosmos y la vida) y Eterno, nada más, y sin meterse a analogías con lo humano. Con esto es con lo que deben intentar filosofar los ateos, y no con los atributos divinos de las teologías religiosas, porque no estaríamos hablando de una postura honesta sino una burda ATEOLOGÍA. Es decir, los ateos tienen un remedo de teología (pirateada de las teologías religiosas) y con él dicen que dios no existe. No únicamente se roban la moral de los religiosos, sino también sus ideas teológicas. Así de desvergonzados actúan.

CUANDO EL ATEO DICE QUE TODOS SOMOS ATEOS RESPECTO A LA MULTITUD DE DIOSES DESCARTÁNDOLOS A TODOS O CASI TODOS PARA ELEGIR UNO SOLO O UNOS POCOS

Este es otro sofisma con el que se vuelve a demostrar que el ateo no sabe razonar en el tema de Dios. El ateo es aquel que afirma que ningún dios existe, aun los dioses religiosos que ni siquiera han oído hablar de ellos o aparezcan en el futuro. Cuando ellos dicen que no existen los dioses de las religiones más influyentes o hegemónicas, ya con eso se atreven a decir que todos los dioses están marcados con la inexistencia.

Está claro que, si crees en un dios, con eso, ya no se te ha de etiquetar de ateo, así descartes todos los demás. ¿Volvemos a recordar que en realidad no existen los ateos? ¿Repetimos que los ateos tienen al dios materialidad, todopoderosa, amorfa e impersonal? ¿Recordamos que los dioses no necesariamente son personales y pueden ser como el dios de los ateos en el que creen con mucha fe, le divulgan y defienden? YA PODEMOS IRNOS ENTERANDO DE QUE EL ATEÍSMO ES, EN REALIDAD, UN PANTEÍSMO NO RECONOCIDO. Lo fijaremos más adelante, por ahora seguiremos hablando de los ateos como si existieran.

CUANDO LOS ATEOS DICEN QUE ES PRECISO DESTRUIR LAS RELIGIONES Y SUS DIOSES PARA QUE LOS HUMANOS LOGREMOS LA LIBERTAD, Y HASTA DICEN QUE DIOS HA MUERTO

Esto ya lo hablamos, pero no está de más repetir las cosas, porque así es cuando estás frente a fanáticos y ciegos intelectuales ateos: hay que repetirles las cosas una y otra vez, y explicárselas de varias formas. Les mostraré un ejemplo: imaginemos un sujeto que está convencido de que, si elimináramos las religiones y prevaleciera el inofensivo y virtuoso ateísmo, llegaríamos a la paradisiaca sociedad de amor y paz atea. El sujeto ya intentó convertir al ateísmo a algunos creyentes en dioses predicando sus doctrinas ateas que aprendió en libros proateos, pero como es cosa agobiante por sus pocos frutos, porque no le hacen mucho caso y los creyentes en dioses siguen reuniéndose en sus templos a cantar y convivir entre ellos, y eso le molesta mucho, entonces lo mejor para él es matarlos. Dicho sujeto ha llegado a la conclusión de que lo mejor es terminar con la creencia en dioses desde la raíz, y para ello fantasea con matar a todos los que creen en algún dios o están en una religión.

Ahora bien, este sujeto imaginario con estas fantasías asesinas no debe afectarle a nadie mientras no pase al acto o haga que otros cumplan su fantasía. Lo único que nos debe importar es que vaya más allá de su fantasía y asesine personas reales, pero si no lo hace no hay problema, simplemente será tomado por idiota.

¿Se puede legislar para evitar que personas como él tengan esas fantasías y castigarles? ¡No hay manera! No se puede ir en contra de la libertad de creencias y pensamientos. Las leyes y legislaciones están para controlar las ACCIONES, no los pensamientos. Cuando se pasa del pensamiento al acto y con ello se cometen delitos, allí sí que tienen función las leyes; no obstante, mientras los pensamientos se mantengan dentro del pensamiento, ni quién se entere de las perversiones y fantasías. Mientras no se pase al acto, no hay manera de controlar los pensamientos o ideas. Además, no todo acto debe ser controlado por las leyes, sino solamente algunos que se consideren delitos. No es un delito fantasear con matar a religiosos; ni quién se entere, y ni aunque lo expresara. En las sociedades libres, tampoco es un delito creer en dioses y reunirse a darles culto.

SI NO ES UN DELITO CREER EN DIOSES NI REUNIRSE CON OTROS PARA DARLES CULTO, ENTONCES, ¿POR QUÉ LOS ATEOS ESTÁN DE METICHES QUERIENDO DESTRUIR LO QUE NO ES UN DELITO Y ADEMÁS DA SENTIDO A LAS PERSONAS? Si a esto le sumamos que el ateísmo en sí no es propuesta moral, ni política, ni social, ni psicológica, ni científica…, entonces, ¿con qué autoridad andan de antirreligiosos?, ¿qué sentido de vida da el ateísmo? El criticar a otros sin autoridad, sin justificación, o sea, a lo pendejo, ¿eso es un buen sentido de vida?, ¿en serio?

Ha habido gobiernos idiotas que han prohibido las manifestaciones religiosas y que se reunieran fieles y erigieran templos y hasta cometieron genocidios y atentados culturales. Tiempo después de tanta idiotez, ceden con que haya alguna religión que no le represente algún riesgo a su idiota gobierno, hasta que por fin entienden que se debe respetar la libertad de conciencia, religión y culto.

Esos gobiernos autoritarios ateos que atentaron contra las religiones lejos de darles libertad a sus ciudadanos, los sometieron a sus propios dogmas materialistas y culto irrestricto a sus líderes. Ese tipo de gobierno procuró controlar toda la vida de sus ciudadanos, incluso sus conciencias hasta donde pudieron. Terminaron haciendo peores cosas de las que hubieran hecho los religiosos. Su mayor interés de estos gobiernos tiranos ateos era conservarse en el poder, porque las religiones les representaban oposición, y por eso las atacaron; por eso promovieron el ateísmo. Es decir, el único interés de estos gobiernos ateos no era imponer su supuesta "verdad atea", sino el apetito de tener el poder político y dominar así pueblos y países. EN REALIDAD, EL ATEÍSMO JAMÁS HA SIDO UNA POSTURA INTELECTUAL NI FILOSÓFICA, SÓLO UNA POSTURA ANTIRRELIGIOSA A LO IDIOTA, CON SED DE DOMINIO POLÍTICO.

Esa frase de "Dios ha muerto" únicamente es una expresión literaria y de múltiples interpretaciones, no algo filosófico. La filosofía busca la verdad y con la mayor precisión de sus conceptos. La filosofía auténtica usa analogías, pero no metáforas poéticas o literarias, como lo es esa frase. Filosóficamente, Dios es Eterno, no un ser mortal que muere como si fuera un ser vivo. En filosofía no merece ninguna consideración esa frase. Que los poetas y literatos hagan masturbaciones mentales con ella, si quieren, pero no la filosofía auténtica.

CUANDO EL ATEO CREE QUE EL ATEÍSMO ES SINÓNIMO DE LIBREPENSAMIENTO, ESCEPTICISMO Y HUMANISMO

En el ateísmo no hay librepensamiento real. El ateísmo es una doctrina que solamente niega la existencia de Santa Claus y lo cree con mucha fe porque no puede demostrarlo. ¡Miento!: sí pueden demostrar la inexistencia de Santa Claus con tan sólo rastrear que fue un invento de la Coca-Cola. ¡Ah!, ¿pero no decían los ateos que Santa Claus y Dios están al mismo nivel de ficción? ¿Cómo es que sí pueden demostrar la inexistencia de Santa Claus y no la inexistencia de Dios? ¿Cómo es que filósofos importantes han demostrado la existencia de Dios, pero ninguno se ha molestado en demostrar filosóficamente la existencia de Santa Claus? Respuesta: porque los filósofos no se ocupan de pendejadas. Los filósofos no necesitan demostrar la existencia de lo que es obvio, un invento humano. No faltan los ateos que salen con la pendejada de que les demuestren que en su jardín no viven gnomos, y como saben que les responderán que no es necesario, ya con eso creen que logran eximirse de demostrar la existencia de Dios. Pero ya vimos que, SI FUERA VERDAD QUE NO EXISTE DIOS, SÍ SE PODRÍA DEMOSTRAR SU INEXISTENCIA. EL PROBLEMA INTELECTUAL DEL ATEO ES QUE DIOS SÍ EXISTE Y POR ESO NO PUEDE DEMOSTRAR SU INEXISTENCIA; por lo que únicamente le queda usar sofismas, malas metáforas, pésimo remedo filosófico y, sobre todo, antirreligiosidad. Por lo tanto, no hay ningún librepensamiento, solamente adoctrinamiento obcecado antirreligioso. Los ateos deberían utilizar su libertad para abandonar el ateísmo o, al menos, guardárselo para sí mismos, sin hacerle propaganda a algo tan inútil.

Ahora vemos si el ateísmo es tan escéptico como considera serlo y si es que ser escéptico fuera una cualidad o virtud. ¿Es válido dudar de las ideas heredadas o aprendidas? Respuesta: sí. Es válido dudar de lo que vale la pena dudar, pero es una torpeza dudar de todo. Esos personajes que dudan si realmente existimos porque tal vez todo es un sueño en realidad solamente están pendejeando, porque en los actos de la vida, no hay manera de ser coherente con eso. Es válido dudar si realmente existe Dios, sobre todo cuando nos preguntamos de qué dios estamos hablando. Se vale dudar de algo siempre y cuando se busque la verdad para que, una vez encontrada, no se dude más. LA DUDA NO ES UN FIN EN SÍ MISMO, SINO UN PASO PARA BUSCAR O FORTALECER LA VERDAD. Esas doctrinas escépticas que pretendieron pasar como filosóficas se tragan a sí mismas y no hay manera de que sean coherentes consigo. Son ese tipo de doctrinas que dicen que no hay verdades absolutas, pero mientras sus presupuestos son asumidos como verdades absolutas. Dicen que no hay verdades absolutas, pero eso para ellos es una verdad absoluta. Dicen que no hay verdades absolutas y creen con fe que no es verdad absoluta la existencia de Dios, pero toman la inexistencia de Dios como verdad absoluta. Los escépticos doctrinales, una vez que no logran demostrar que el escepticismo radical tenga sentido, porque ni ellos mismos pueden ser coherentes con su doctrina, toman la otra salida falsa del agnosticismo. Mañosamente, el agnosticismo afirma que no hay manera de saber si existe o no Dios, que porque no hay pruebas suficientes o está fuera del entendimiento humano, pero arman su palabrería sofista para pasar como intelectuales. EL AGNOSTICISMO ES EL HIJO MEDIOCRE DEL ATEÍSMO, pero tal hijo es tan ateo como cualquier ordinario ateo; le aplauden al Ateísmo y sus idiotas argumentos mientras rechazan cualquier argumento filosófico demostrando la existencia de Dios. Hay que decir que rechazan los argumentos filosóficos, porque su cabecita no les da para tanto, como cualquier ateo típico. Son tan cínicos que frente algunos públicos se dicen ateos y frente a otros agnósticos, según sientan les conviene a su vanidad intelectualoide.

Tanto ateos como agnósticos no saben qué tipo de prueba es suficiente para convencerse de que efectivamente el cosmos y la vida es creación divina. Dicen que esperan una prueba extraordinaria porque "las afirmaciones extraordinarias requieren pruebas extraordinarias". Habrá que decirles que la afirmación de la existencia Divina es ordinaria, porque siempre ha estado presente entre los humanos en toda su historia, entonces su frasecita chafa se inhabilita, porque lo que les parece ordinario, como el cosmos y la vida, les sería suficiente. Pero haciendo un poco de empatía con los "ateoagnósticos", ellos le dan otra interpretación a su exigencia de esperar "pruebas extraordinarias", de que sea algo nunca visto y espectacular. Les invito a preguntarles qué prueba "extraordinaria" les podría ser suficiente; verán que van a titubear y no sabrán qué decir, y si dicen algo, será algo tonto. Si el escepticismo, el ateísmo y el agnosticismo fueran una postura intelectual, demostrarían que la existencia de Dios o bien es imposible o no hay manera absoluta de saberlo, y por su propia cuenta, sin estar esperando que los religiosos les atraigan sus mal imaginadas "pruebas extraordinarias". QUE MEJOR EXPONGAN SU CON-TRAPRUEBA EXTRAORDINARIA DE LA INEXIS-TENCIA DE DIOS O SU IMPOSIBILIDAD ABSOLU-TA DE SABERLO. Ya atrás mostré cómo eso de la carga de prueba no es para el tema de Dios, sino para asuntos jurídicos. Sin embargo, ya viendo los hechos, no hay manera de que los "escépticoateoagnósticos" ofrezcan demostraciones reales a su favor. A lo que se dedican es a lo que ya sabemos: criticar religiones y sus dioses y hacer credos de fe a sus dogmas materialistas. Es decir, no son escépticos o librepensadores reales, sino creyentes apologetas del cientificismo o materialismo y de todos sus cuentos. Tampoco son librepensadores, porque ni siquiera pueden desligarse de las religiones y sus morales, por el contrario, se colocan de jueces mojigatos. A un librepensador real, no le importan las morales, ni las leyes civiles, ni las costumbres sociales, ni las ideologías... LOS LIBRE-PENSADORES PIENSAN LIBREMENTE Y HARÁN LO QUE SE LES DÉ EN GANA, SEGÚN SUS CAPRI-CHOS, DESEOS Y AMBICIONES.

En ese sentido, también nos quedan mal los escepticoateoagnósticos al colocarse algunos la etiqueta de "humanistas". Ya vimos atrás que el ateísmo no tiene de dónde sacar una propuesta moral de sí mismo. Al ateísmo le corresponde hacer acto de fe a sus dogmas materialistas, como el de que todo es únicamente una reacción química o fenómeno físico, y nada más, incluida la vida. A los ateos les corresponde hacer acto de fe de que la vida es sólo un estado de la materia, y nada más que eso, por lo que la moral, la responsabilidad o la libertad humanas son solamente una ficción que son provocadas por las reacciones químicas, por lo que el humanismo, que es un derivado de la moral, también sería una ficción. Por lo tanto, eso de que el ateísmo es una propuesta humanista es una postura incoherente que no le corresponde.

CUANDO EL ATEO ENUMERA A UNA SERIE DE SUJETOS QUE CREEN O CREYERON EN DIOSES QUE HICIERON PERVERSIONES Y HASTA GENOCIDIOS Y ALGUNOS LO HICIERON EN NOMBRE DE SUS DIOSES, Y YA CON ESO CONCLUYE QUE HAY QUE ACABAR CON LAS RELIGIONES

Esto ya fue expuesto, pero vamos a redondear el asunto, porque es una idea muy recurrente de los ateos proselitistas.

Ya expusimos que los ateos babean de gusto por la crítica a los religiosos, a pesar de que no les corresponde. Es frecuente encontrarlos juzgando a los religiosos desde la misma moral de sus religiones, tal vez porque antes fueron religiosos y es la moral con la que los formaron. Pero hay que decir que la crítica a los demás es cosa que todos los humanos hacemos, porque es lo más fácil de hacer. Una religión critica a otra distinta, pero la crítica entre religiones está justificada porque tienen fundamentos morales de dónde sujetarse. En cambio, ¿con qué moral atea se va a criticar a los religiosos cuando no hay fundamentos propios al ateísmo para hacerlo? No hay moral de fundamento ateo, por lo que ese sofisma sólo es una actitud hipócrita y mojigata. Hipócrita, porque también ha habido sujetos ateos que han hecho terribles estupideces, y mojigata, porque no hay manera de que el ateísmo pase por inofensivo. Repetimos que decirse ateo no equivale a decirse antirreligioso. Se puede asumir ateo y no ser antirreligioso, como por ejemplo aquel que respeta la libertad de creencias y culto; o se puede tener la creencia en un dios y ser antirreligioso, como aquel que en sus doctrinas o su dios le mandata destruir las religiones. Lo único que no se justifica es decirse ateo y andar con la bandera de la moralidad y pureza, cuando no se tienen fundamentos, así sean fundamentos ficticios o inventados. El ateísmo ni siquiera se puede inventar fundamentos morales que le sean propios y no pirateados de otros. Se vuelve a confirmar que el ateísmo es peor que basura, porque no sirve para nada por sí solo. Está más justificado aquel que se inventa una religión propia y un dios o dioses y de allí se arma mitos, cuentos, doctrinas, dogmas sagrados, rituales, cultos, morales y demás, que el mismo ateísmo que no tiene de dónde sujetarse, sino pirateando ideas de otros, sino copiando las ideas y morales de los religiosos. ¡Así de patético es el ateísmo!

Aclaro que no se pretende justificar ni blanquear las perversas acciones de algunos religiosos y menos aquellas que han sido tan graves e irreparables que merecen tenerlas presentes para que no se repitan. No obstante, el ateísmo no es el conducto moral con el que juzgar a los religiosos, ni tampoco la alternativa para que los humanos dejemos de hacer estupideces. LA HUMANIDAD PUEDE PRESCINDIR DEL ATEÍSMO, SIN NINGÚN PROBLEMA.

CAPÍTULO 3

Derrumbando los ídolos que los ateos creen que apuntalan al ateísmo

Ídolo 1. El incorrecto uso de la palabra *ley* en las ciencias naturales

Ley (norma o regla) es un precepto impuesto por una autoridad humana o consensuada por un grupo humano para regular la conducta de los humanos. Cuando se infringen las leyes, también se inventan castigos de menor a mayor severidad, según sea la falta. Ambas cosas van acompañadas, porque si hubiera leyes sin punibilidad, pocos las obedecerían. El invento de las leyes, como formas de control y orden, es tan antiguo como la humanidad. Las leyes son inventos humanos.

Debido a que la cosmovisión religiosa dominó por muchos siglos, sin problema se pasó a que había también leyes y derechos naturales, porque, desde la perspectiva teológica/mítica, hay un dios Legislador que proveyó leyes para los humanos, pero igualmente para la Creación de la Naturaleza. Así pues, el orden del cosmos era a causa de leyes que el Legislador impuso a su obra. Entonces, hablar de leyes naturales o físicas es propio de las religiones o teologías.

Sin embargo, cuando aparecieron las ideologías positivistas o de pretensión cientificista, estas no se dieron cuenta de que la palabra *ley* era propia de las teologías, y se la apropiaron, de modo que nombran por inercia religiosa y antropomórfica cosas como ley física, ley química o ley natural a todas las regularidades o constantes de lo físico. No son ingenuos, ya que la palabra *ley* es algo que impone y continúa la costumbre de estar plagiando los modos religiosos, creyendo superarlos. Traspasaron la idea de ley/norma/regla como metáfora a fenómenos físicos. Las auténticas ciencias no necesitan de metáforas, sino de conceptos lo más precisos posibles.

Las palabras *ley*, *norma* o *regla* deben ser exclusivas o para las teologías o para los asuntos jurídicos. Ha sido un abuso que, en las ciencias naturales, se use la palabra *ley*. Si quieren ser honestos, deben cambiar la palabra *ley* por *regularidad* o *constante*, por ser más adecuadas al no ser un antropomorfismo ni una herencia religiosa. Lo más grave es que ya no sólo le llaman ley física o ley natural, sino ley científica o ley de X persona. El lenguaje científico está lleno de abusos y se necesita limpiar, para que deje esa torpe inercia de ser lo opuesto a lo religioso y porque ni siquiera puede ser coherente con eso. En lugar de decir, por ejemplo, "leyes de la termodinámica", deben decir "regularidades termodinámicas"; en lugar de "leyes de la herencia", sería correcto "constantes de la herencia"; "constantes de la inercia" por leyes de la inercia, etcétera.

Esto nos lleva a matar otro ídolo.

Ídolo 2. La Naturaleza no existe

Las antiguas cosmovisiones entendían la Naturaleza como una diosa en los antiguos mitos; luego, los antiguos filósofos tomaron el concepto de *naturaleza* como sinónimo de "lo que hace que una cosa sea lo que sea", es decir, como lo esencial de algo; por ejemplo, las expresiones de "la naturaleza humana es..."; "la naturaleza de la serpiente es...". Por ende, se ha pasado a la abstracción antropomórfica de la Naturaleza, como si fuera algo en sí y como una expresión filosófica.

Después apareció sigilosamente la ideología naturalista, que no es otra cosa que tratar a la Naturaleza sin mencionar nada divino, sino como algo mágico, como si tuviera finalidad e inteligencia, como antropomorfa; por eso, actualmente se oyen cosas como "la Naturaleza ha diseñado el órgano de...", "la Naturaleza es caprichosa...", "la Naturaleza tiene memoria...", "la Naturaleza es sabia...", etcétera. Los personajes afines a esta ideología se hacían llamar o fueron conocidos como "naturalistas", que porque estudiaban la Naturaleza. Hoy ya no se usa ese término, porque hoy les llaman "científicos".

Si dejamos de utilizar la abstracción Naturaleza, si dejamos de antropomorfizar lo físico, ¿qué queda? Queda lo que siempre ha estado disponible a los sentidos y entendimiento humano: los elementos y fenómenos físicos, y esos no necesitan antropomorfizarse. Serían más precisas y concretas cosas como: "los átomos hicieron posible el diseño de los órganos de los seres vivos". Sigue siendo una antropomorfización de los átomos, como si tuvieran la capacidad inteligente del diseño (porque diseñar es cosa humana, no de entes materiales o un Dios; Dios crea, no diseña, ni hace arquitectura, ni hace ingeniería...). Algunas teologías usan el concepto de *diseño* para referirse a la Creación, pero eso se entiende porque sus dioses son antropomórficos, mas si nos dejamos de teologías, menguamos la deificación de lo físico al llamarlo "la Naturaleza".

Más valdría hablar de la diosa Pachamama porque, al menos, no encubre la deificación de la Naturaleza y eso ayuda a reconocer la divinidad, respeto por la Tierra y sentido a la vida. En definitiva y para ser precisos, LA NATURALEZA NO EXISTE, lo que existe son los fenómenos y elementos físicos. Las ciencias auténticas no necesitan de abstracciones de herencia teológica ni de metáforas. Las ciencias deben utilizar conceptos lo más precisos posibles.

Ídolo 3. La materia/energía no se crea ni se destruye, sólo se transforma

Este remedo de axioma no solamente requiere de ser demostrado, sino de precisar a qué se refiere con exactitud, porque no es cosa que se pueda generalizar a nivel ontológico, sino cosa de eventos químicos o físicos particulares o concretos. Eso de que la materia o la energía no se crea ni se destruye, no es cosa filosófica, porque eso sería postular que la materia o la energía son eternas, y eso sería indemostrable, o sea, sería un dogma de fe.

Esta idea, también conocida como principio de la conservación de la masa, se les ocurrió a unos sujetos que observaron que en algunas reacciones químicas los elementos no se destruían, sino que se ordenaban de modo distinto, o sea, hay una transformación de unas sustancias en otras. Es decir, únicamente se refería a algunos fenómenos en especial, no para la totalidad de los fenómenos, porque también se observa, en muchos fenómenos, la destrucción de elementos. No obstante, algunos que defienden este falso axioma como si fuera cosa filosófica u ontológica y la generalizan a todo lo físico piensan ingenuamente que, para que algo se destruya, tiene que llegar a la nada absoluta. Pero la nada absoluta no es un concepto científico, ni tampoco filosófico, sino un postulado mágico. Si hablamos de que "La energía no se crea ni se destruye, sólo se transforma", la cosa se pone más mágica. En muchos fenómenos físicos y de artificio humano, se ve cómo se originan o generan nuevas energías y cómo se destruyen parcial o totalmente. Es independiente si un tipo de energía se transforma en otra, porque hay un hecho: se producen nuevas energías, que, obviamente, no vienen de nada. Cuando se trata de argumentar cómo es que la energía no se destruye, sino que se transforma en otra cosa, se hace de manera forzada y como remedo científico. En la práctica estos postulados no se tienen en cuenta, y muchos de los descubrimientos y experimentos se hacen sin necesitarlos. Son postulados dignos de las ocurrencias de la falsa ciencia llamada física teórica.

Ídolo 4. La ciencia no existe

Tenemos una nueva abstracción inválida, como inválida es la abstracción Naturaleza. Las ciencias deben usar conceptos precisos, no metáforas abstractas, como atraídas de un mundo de las ideas.

NO HAY "LA CIENCIA", HAY CIENCIAS; parece que es lo mismo, pero no lo es. No hay manera de encontrar en ninguna parte la cosa "la ciencia". Lo que sí podemos encontrar son sujetos que investigan, descubren, inventan, construyen, experimentan, predicen, ponen en práctica sus conocimientos... Si a esa variedad de prácticas que se usan en distintas disciplinas se les nombran ciencias, dejémosla así: ciencias. No es necesario utilizar la abstracción "la ciencia", porque resulta que vienen de esa vieja ideología donde se respira ese antagonismo torpe de la ciencia vs. las religiones. Emplean el concepto "la ciencia" como un ente de autoridad que le hace frente a las ideas religiosas. Es por eso por lo que encontramos sujetos que creen torpemente que el ateísmo es fruto de la ciencia y hasta presumen que ellos la defienden.

Desafortunadamente, son muchas las personas que se dejan seducir con este ente abstracto de la ciencia y no tienen criterios claros para distinguir lo que auténticamente es cosa científica y qué es solamente charlatanería. Pero eso sí, divulgan con alegría lo que se publica como "ciencia" y lo defienden como si las conjeturas les constaran.

Cuando se dicen frases ideológicas como "la ciencia ha descubierto...", "la ciencia ha avanzado...", "la ciencia ha salvado...", etcétera, no es otra cosa que lenguaje ideológico positivista. Si en lugar esas frases, se usaran cosas honestas como: "X persona ha descubierto...", "la medicina ha avanzado...", "el laboratorio X ha salvado de la catástrofe al encontrar la vacuna a...", la cosa cambiaría. ¿Ven la diferencia? Por eso es preciso que se purifique el lenguaje científico, ya que viene arrastrando viejas rencillas ideológicas antirreligiosas y utilizando conceptos que no le corresponden.

Cabe mencionar que el conocimiento científico no es un asunto moral, porque muchos tienen la creencia de que todos los descubrimientos científicos son buenos y por esa razón los contraponen al nivel religioso. Son bienvenidos todos los descubrimientos a favor de la humanidad, pero también hay o puede haber conocimientos científicos, inventos o artefactos que terminen perjudicando a la humanidad o tengan esa finalidad intencionadamente. Entonces, darle culto al ente "la ciencia" es una ingenuidad.

CAPÍTULO 4

Exordio

Hasta aquí hemos visto que, sin necesidad de demostrar la existencia de Dios, el ateísmo queda expuesto como polvo y humo, como algo peor que basura: le hemos dejado desnudo, sin armas y muerto.

Espero que con esto ya cambie la actitud de los futuros exateos, abran la mente y se dispongan a razonar y filosofar con gusto y amor a lo verdadero, porque les recuerdo que la filosofía es la única disciplina donde se puede hablar de la existencia de Dios de forma justificada, sin dogmas de fe de por medio. Para filosofar sobre la existencia de Dios, no es necesario meterse en religiones ni teologías. Aclarando que la filosofía, por supuesto, no es enemiga de las religiones ni sus ideas de dioses, o sea, sus teologías, porque el auténtico filósofo pone a la libertad humana antes que cualquier ideología que quiera controlar las conciencias.

La filosofía no es opuesta a las muy diversas teologías, porque cada persona debe ser libre de creer lo que le dé en gana. El humano no será libre en todas sus acciones, que para eso se inventaron las leyes civiles, pero sí en sus creencias o conciencia. Las leyes son reglamentos para regular los actos, no los pensamientos.

Tampoco la filosofía tiene un dios propio o enemigo de los dioses de los religiosos. La filosofía lo único que ha de hacer es marcar el límite entre filosofía y teologías. La Filosofía ha de demostrar la existencia de Dios, pero no dirá cuál de todas las ideas de dioses habidas o por haber es la verdadera ni cuál la falsa, porque no le corresponde. Si un filósofo opta por uno de los dioses de las diversas teologías, ya será por decisión personal, pero no por la filosofía (véase la mayúscula que nos sirve para distinguirla de las falsas filosofías que de filosofía no tenían más que el mal etiquetado nombre, como lo son la mayoría).

Reconozco que ha habido buenos argumentos de la existencia de Dios y son suficientes para quienes tienen claridad mental o saben razonar con lógica. Sin embargo, ha faltado algo importante para ser contundentes: no han marcado la línea divisoria entre la filosofía y su propia teología o dogmas de fe. Cuando se da una demostración filosófica de la existencia de Dios, de eso no se puede concluir que mi dios, en el que creo por dogma de fe, es al que se refiere la demostración dicha. Tampoco esto significa que sean opuestos o que se descarten mutuamente, sino que es imprescindible que quede muy claro que el Dios deducido por la Filosofía únicamente se puede predicar de este Ser que es el Creador del cosmos y la vida, que es Eterno y que existe, y nada más. Los demás atributos que se les dan a los dioses, según cada teología o religión, son creídos por fe y antropomorfizados. Las ideas de dioses particulares pueden ir variando a través de la historia humana y hasta desaparecer, como ha pasado. Cuando domina alguna idea de dios, es porque alguna religión se volvió hegemónica o el número de adeptos es muy numeroso, pero esas cosas no le importan al argumento filosófico sobre la existencia de Dios, porque lo verdadero no es cosa de mayorías.

Repito, para que no se me malinterprete, que no estamos en contra de ninguna religión ni las estamos invalidando, porque cada cual es libre de pensar lo que quiera y las religiones son necesarias para muchos al ser fuente de convivencia humana, dar sentido a la vida, ser proveedoras de moralidad, darles culto a los dioses y hasta de festejar la vida.

Es válido que, después de exponer la demostración filosófica de la existencia de Dios, las personas religiosas justifiquen que su dios existe y es al que se refiere la demostración, pero eso no lo dice un filósofo. El Dios demostrado por la filosofía es deducido por razonamiento lógico y los dioses de las religiones o teologías son creencias de fe dogmáticas. Y aunque no son antagónicos, sí hay que marcar esta diferencia, así como la línea divisoria entre Filosofía y teologías.

Por otro lado, la mayoría de los debates sobre la existencia de Dios, hasta ahora, los llevaron a cabo un ateo/agnóstico (a/a) y una persona de alguna religión en particular. Esto no debe ser un problema por sí mismo, pero lo es cuando tanto el a/a como el religioso no supieron mantener el debate a nivel filosófico y llegan a la contienda de una teología vs. ateología, lo cual es un error. Ese tipo de debates llevan una ventaja a favor del a/a porque, como dan por hecho que la existencia de dios en debate es el dios en particular de tal religión, eso no permite desarmar al a/a; y en lugar de mantener el debate en la cancha de la filosofía, donde están de antemano perdidos, porque no hay filosofía en argumentos ateos y quedan fuera del debate los asuntos religiosos y sus dogmas de fe, entonces quedan sin armas desde el principio, aún sin abrir la boca. Los a/a llevan la de perder, porque estos no saben filosofar, porque si supieran, no serían a/a; lo que saben los a/a es aventar veneno y mierda a las ideas religiosas, y si les quitas eso, no sabrán qué decir.

Al no saber filosofar los a/a, lo único que se les ve hacer en los debates es babear delirantes lanzando sus múltiples falacias ya criticado religiones, ya criticando a sus dioses y sus atributos, ya criticando sus escritos sagrados, ya criticando los escándalos de algunos miembros religiosos, ya criticando las tradiciones o cultos, etcétera. No se enteraron de que esos debates de asuntos de dogmas religiosos se deben mantener entre religiones o entre miembros de una religión. Una religión puede intentar destruir a otra, o intentar destruir sus presupuestos teológicos, pero ¿qué hace de fisgón un a/a en temas teológicos? A los que no les incumben los debates teológicos, hay que dejar que se hagan pedazos entre ellos, si es lo que buscan.

Los debates sobre la existencia de Dios, entre a/a y religiosos ya deben ser cosa del pasado. Una vez que los a/a entienden que hay libertad de conciencia, de creencia, de religión, de creer en el dios que les dé en gana, de reunión para darles culto a sus dioses, entonces, ya no tiene ningún sentido entrar en esos debates. Por más absurdas que les puedan parecer algunas creencias a los a/a..., ¿qué les han de importar? Al fin que los a/a también asumen con fe creencias absurdas, como la de que la materialidad es todopoderosa, que por sus solas propiedades existe todo, por simple espontaneidad, por simple casualidad y por las superpotencias de lo físico o que todo vino de nada.

Si las creencias de fe de los a/a son muy absurdas, ¿con qué cara se ponen a criticar la creencia religiosa de otros, así les parezca absurda? De hecho, tuvo más sentido creer en los dioses de las antiguas culturas, por muy humanizados que fueran sus dioses, que dar fe a los dogmas materialistas que no aportan nada. Las creencias en aquellos dioses daban orden, cohesión y sentido a lo social, en cambio, ¿qué se puede desprender de asumir con fe que todo viene de nada o que todo orden viene de caos? Las creencias en dioses es cosa fértil, en cambio, la negación absoluta de ellos es cosa estéril.

Puede que algún ateo venga con la demanda de que las acciones de los religiosos le afectan a él o a la sociedad y por eso vale la pena enfrentar a los religiosos y criticarles sus creencias. Pero, primero, tiene que especificar cuál religión en específico quiere atacar o qué idea religiosa en particular le afecta, porque generalizar a todas las religiones o todas las ideas religiosas es simplemente una idiotez. Segundo, a estos sujetos hay que informarles que para eso están las instituciones judiciales, para demandarlos cuando estén cometiendo delitos, sin necesidad de andar de predicadores del ateísmo y criticar sus creencias. ¿Acaso algún antirreligioso promoverá leyes que prohíban la libertad de culto y religión? ¿Habrá imbéciles de tal nivel?

Pero... ¡Momento! Lo común de los ateos proselitistas es que se molestan no por delitos, sino por cosas que pertenecen a las doctrinas religiosas y tienen derecho de proclamar, como ir en contra del aborto, de la homosexualidad, del consumo de drogas, de controlar la forma de vestir, de que solamente haya varones como ministros, etcétera. ¿Acaso no debe haber libertad de creencias y culto? ¿No tienen derecho las religiones a no aceptar el aborto, por justificación religiosa? ¿Te amenazan estas con irte al infierno si tienes coito con alguien de tu mismo género? En lugar de que te arrojes a los dogmas torpes del ateísmo, mejor simplemente cambia de religión o quédate sin ninguna, y ya; ¡ignora sus amenazas infernales y se acabó! Recuerda que son dogmas de fe y puedes ignorarlos o no aceptarlos. ¿Ven cómo hay otras salidas y no la de la tontería atea?

Como podemos ver, cuando en los debates de la existencia de Dios se mantienen donde deben, es decir, en el campo de la filosofía, todo este tipo de discusiones por doctrinas religiosas quedan fuera y no es necesario andar metiendo sus falacias, sofismas y mojigatería atea.

Quiero poner en claro también lo siguiente para que no se me malinterprete: necesito que comprendan que, aunque yo diga que Dios no es como dicen las teologías o religiones, eso no significa que lo que digan ellas sea un error. Aunque la filosofía diga que la esencia divina es inefable, incognoscible, inaprehensible…, eso no significa que sea inválido que los humanos nos valgamos de representaciones y símbolos para que la idea de deidad nos la apropiemos una vez que pasa por el filtro del entendimiento humano. Digamos que son dos momentos diferentes: la realidad inefable y luego lo simbólico. El que sepamos que la esencia divina es inaccesible al entendimiento humano no significa que vamos a olvidarnos de la idea de dios, porque el intelecto humano no lo podrá evitar; y aunque no la pueda aprehender en sí la esencia divina, tiene la herramienta del lenguaje y el símbolo. Las ideas de dios de las religiones son el segundo momento con el que los humanos construyen una relación con sus deidades, que es necesaria no para Dios, sino para los humanos mismos.

Nunca hay que olvidar que los humanos tenemos una capacidad intelectual limitada, y más limitada de lo que creemos. Tan limitada es la inteligencia humana que lo más esencial de la vida está fuera del acceso al entendimiento humano. Por ejemplo, la Vida es y será un misterio, porque no hay manera de saber lo que es en sí. Podemos definir la Vida de mil maneras y aventar muchas conjeturas y cuentos de lo que pensamos que es, pero nunca será la realidad. Los ateos podrán decir que la Vida es solamente la suma de átomos y moléculas interactuando químicamente, pero sabemos que la Vida es mucho más que eso.

Tiene más sentido que los religiosos crean que la Vida es un soplo divino, aunque únicamente sea algo simbólico, que el reduccionismo materialista de los ateos, porque ni siquiera tienen manera de demostrarlo, ni ahora ni nunca. Y a pesar de que no sepamos lo que es en sí la Vida, no hay manera de no pensar en ella. De manera semejante pasa con la esencia divina: lo que decimos de la divinidad no es su esencia en sí, sino lo que a los humanos nos compete saber y hasta donde nos dé el entendimiento. ¿Acaso los ateos/agnósticos quisieran que fuéramos como las vacas, que no tienen la capacidad ni necesidad de cavilar en las deidades? ¿Prefieren los ateos que estuviéramos como los que padecen una enfermedad mental grave o perdieron su memoria y ya no poseen la forma de reflexionar en la Deidad? Pues pensar en dioses y filosofar es propio de los humanos sanos o con la madurez intelectual suficiente; por eso, ni los ateos pueden evitarlo.

Ya muerto el Ateísmo; ya que sabemos que no es necesario demostrar la existencia de Dios para saber que el Ateísmo es peor que basura, porque está claro que el debate de la existencia de Dios está en el campo de la Filosofía y nada más; ya puesto de manifiesto que no es necesario meterse en las discusiones de los dogmas religiosos y ni siquiera en la idea o representación de sus dioses, porque ya hemos separado la Filosofía de las teologías; ya derrumbados los ídolos de los cuales suponen que apuntalan al Ateísmo, ahora sí, estamos listos para demostrar filosóficamente la existencia de Dios. ¡Bienvenidos!

CAPÍTULO 5

Sentando las bases para la demostración filosófica de la existencia de Dios

Paso 1
Definición del concepto *Dios*

Para definir *Dios*, no vamos a usar un diccionario, porque es común encontrar en ellos definiciones incorrectas o imprecisas. Cuando hablamos de conceptos importantes o fundamentales es mejor buscar a los especialistas, o bien, plantear un significado propio o acordado. No teman inventarse su propia acepción, ya que solamente sirve para darse a entender y no hay una Autoridad Suprema al respecto.

Lo que sí hay que poner en claro es que hay buenas y malas definiciones. Así, si al momento de elegir una, se observa que tal o cual es imprecisa, hay que descartarla o mejorarla hasta que encontremos una cierta. Las buenas definiciones han de ser breves y precisas.

Vamos a buscar una definición de *Dios* donde quepa la idea religiosa de dios, que entiendan los ateos/agnósticos, y que sea filosófica.

A continuación, voy a fijar una definición de *Dios* que considero buena y precisa; y voy a explicar por qué y su justificación:

"Dios es aquello que creó el Cosmos y la Vida".

Analicémosla:

"Dios es aquello..."

¿Por qué digo "es aquello" y no "es el Ser o es la persona..."?
Decir "es el Ser" o "es la persona" es propio de las teologías,
porque para ellos dios es un ser personal a imagen y semejanza
de los humanos. Esto no está mal ni es incorrecto, porque no
hay otra manera de que los humanos nos apropiemos de la idea
de la deidad y porque, humanamente, se necesitaría para comunicarse con esa divinidad. Es válido que algunos le traten
como el Rey, el Amigo, el Padre, la Madre, el Señor..., en fin.
En los hechos es inevitable que Dios, al pasar por el filtro de
la mente humana, sea antropomorfizado o simbolizado. Esto
es parte de las teologías.

Sin embargo, la Filosofía busca la verdad o realidad hasta
donde dé la capacidad humana. La realidad es que la esencia
divina, o sea, lo que Dios sería en sí, no estaría disponible para
los humanos; no hay manera de que una insignificante y muy
limitada inteligencia, como la humana, pueda aprehender la
esencia divina. ¿Cómo sería en realidad Dios? No hay manera
de que los humanos lo pudiéramos saber. De lo que sí podemos estar seguros es de que Dios no podría ser de tipo antropomorfo, o sea, personal. Ideas como un anciano de barba
larga sentado en el trono celestial ordenando el Cosmos sólo
son una representación propia de algunas teologías influyentes. Dios tampoco podría tener las emociones o sentimientos
como los humanos: que ama, que escucha, que siente, que se
alegra, que se pone triste, que se molesta, que tiene inteligencia, que tiene voluntad, etcétera...; eso solamente son ideas
que no son propias de un Dios real, pero sí del Dios que ha

pasado por el filtro del entendimiento humano. Los humanos necesitan de las metáforas, de las analogías, del lenguaje, de la imagen, de los símbolos que les ayuden a señalar lo Insondable.

Cuando alguien dice que este animal es bueno o es malo, por ejemplo, está antropomorfizando a ese animal, porque en la realidad no podemos cargarles nuestros juicios morales humanos a los animales, pero es útil hacerlo porque así los humanos se dan una idea de cómo entender a ese animal. Antropomorfizar lo que no es antropomorfo en realidad es cosa propia de humanos, inevitable y necesario. Cuando alguien dice que dios es bueno, es justo, es misericordioso..., de igual manera está antropomorfizando a la Deidad de forma inevitable. Empero, una Deidad real no podría ser juzgada en ningún sentido. Dios no sería ni bueno ni malo; Dios no sería justo, pero tampoco injusto; Dios no sería misericordioso ni inmisericorde. Y así podemos decir de los demás atributos divinos antropomorfos. Filosóficamente, nadie podría juzgar a un Dios con sus morales humanas.

Cosa distinta cuanto entremos a una teología o una ateología. Sí, no fue un error ortográfico. Si no se había utilizado la palabra ateología, pues hay que empezar a usarla. La Ateología sería el remedo de la teología que usan los ateos/agnósticos para decir que la idea de dios que tienen estos sujetos en la cabeza, con los atributos que se les ocurran, no existe en la realidad. Por supuesto, los atributos divinos que emplean los ateólogos son pirateados de las teologías, y eso es porque el Ateísmo es estéril, no aporta nada, es peor que basura. Los ateos no deberían tratar a Dios como un ser personal, pero

¿podrán evitarlo de aquí en adelante? Cuando un ateo hable de dios como un ser personal, estará delirando su ateología. Dejamos, pues, la idea de dios personal para las teologías y para la Ateología. En Filosofía, Dios no es algo personal, por lo que la parte de nuestra definición de *Dios* se justifica al definirlo como "aquello", porque no hay manera de saber lo que es en sí y no cabe antropomorfizar a la Deidad.

Otra cosa es si cabe hablar de Dios en singular o en plural, o sea, si cabe hablar de Dios o Dioses de modo justificado. Aquí volvemos al mismo punto: si hablamos de Dioses, también estamos antropomorfizando, porque cabrían ideas de reproducción, de comunidad, de compañía, de funciones, de necesidades, de sentimientos, de corporalidad, de individuación, como si fueran un tipo de seres vivos y demás cosas propias de individuos humanos. Si hablamos de un Dios, no es porque sea un individuo, sino como un Algo. Hay que hacer un esfuerzo para no antropomorfizar ese Algo que creó el Cosmos y la Vida, hay que tratar de no imaginarlo y que baste saber que es incognoscible en sí, pero crearía el Cosmos y la Vida.

Nos falta mencionar la posible objeción de que un dios y el Cosmos sean lo mismo debido a que el Cosmos sería inmanente a la naturaleza o esencia divina. Hablamos del llamado Panteísmo, que no tiene ninguna justificación filosófica, porque no hay manera de demostrarlo, sino solamente asumirlo como otro dogma más. No se dejen engañar con que el Panteísmo es una postura filosófica, porque no lo es para nada. La Filosofía debe demostrar sus posturas y el Panteísmo no tiene manera de demostrar que todo es una emanación de la divinidad. El Panteísmo sólo se asume como un dogma de fe y nada más, y ni siquiera vale la pena tomarlo con seriedad. Teóricamente, no tiene argumentos válidos de qué sostenerse, únicamente es una ocurrencia o conjetura que ni el que la propone la puede tomar en serio. A menos que haya una religión panteísta, ¿quién toma en serio que viendo la fragilidad de la vida y lo torpes que podemos ser los humanos, podamos creer seriamente que somos de esencia divina? Prácticamente, en la historia, el Panteísmo tampoco ha sido tomado en serio, porque este dogma ni siquiera inspira ser coherente con esa postura.

La postura que se le puede acomodar mejor al Panteísmo sería el mismo Ateísmo, porque ya veremos que el Ateísmo no existe en la realidad, ya que, para un ateo coherente, su dios creador del Cosmos y la Vida sería la Todopoderosa Materialidad; es decir, es exactamente como lo plantea el Panteísmo: que todo es dios, todo está hecho de lo mismo, todo sería de esencia divina o su emanación. No es casualidad que no haya manera de hacer una religión coherente con el Panteísmo ni con el Ateísmo, porque también son dogmas inútiles e impracticables. Sí, hay dogmas útiles y dogmas inútiles. Por lo tanto, en sentido estricto, EL PANTEÍSMO Y EL ATEÍSMO SON LO MISMO EN LO TEÓRICO.

Tengamos presente que el dogma es aquella creencia que no se puede demostrar, pero sí se cree con fe que es verdadera. Todos tenemos dogmas, porque no todo lo podemos demostrar y, no obstante, a pesar de eso, hay cosas que las damos por hecho o las asumimos verdaderas. El problema es cuando no se es coherente con los dogmas. Muchos son coherentes con sus dogmas de fe religiosa; pero, curiosamente, nadie puede ser coherente con los dogmas materialistas del Ateísmo y ahora agregamos que tampoco se puede ser coherente con el dogma Panteísta.

Como el Panteísmo es un dogma, con eso basta para saber que no es filosofía real, porque la Filosofía no se basa en dogmas, sino sólo en lo que puede ser demostrado con argumentos lógicos y racionales.

Seguimos en el análisis de mi definición de *Dios.*

"Dios es aquello que creó el Cosmos y la Vida".

Como no podemos aprehender o conocer la esencia divina, queda señalar la existencia de Dios por su acción: la de Crear el Cosmos y la Vida. Un supuesto dios que no crea el Cosmos y la Vida simplemente no sería un Dios real. Crear el Cosmos y la Vida es lo propio de la deidad, al menos, para los humanos.

Ahora bien, no es necesario entrar en discusiones bizantinas de cuántos ángeles caben en la punta de un alfiler ni cómo ni cuándo Dios creó el Cosmos, porque eso no hay manera de saberlo ni ahora ni nunca. El cómo y cuándo Dios creó el Cosmos está fuera de todo tipo de ciencia y fuera de la misma Filosofía, simplemente está fuera del alcance de la limitada mente humana. Lo único disponible son los mitos cosmogónicos, que son sólo representaciones simbólicas de que somos obra de la Deidad y nos ayudan a dar sentido a la existencia y ordenar nuestras acciones; y también están sus remedos chafas, que son las conjeturas cientificistas que no se pueden demostrar científicamente de modo real, como lo son, por ejemplo, las conjeturas evolucionistas y bigbangnistas. Lo único de lo que podríamos tener certeza, y es lo que importa, sería que El Cosmos es creado por Dios.

En Filosofía hay que aprender a elegir lo que sea más sensato y no aferrarse a la tontería agnóstica o posponer la idea para cuando —no sé quién— les cante al oído una idea que a los ateos les acomode mejor a su capricho. También hay que dejar de lado al Evolucionismo y la conjetura del Big Bang, que luego demostraremos que únicamente son cuentos cientificistas. Aplíquense solamente a filosofar.

Hay las siguientes alternativas:

1. El Cosmos y la Vida no existen, son un sueño, un espejismo, un holograma, una ilusión... Alguien que piense esto no aceptará la idea de que el Cosmos fue creado o lo producimos nosotros mismos. Este tipo de personas, ni ellas mismas se pueden tomar en serio esta idea. También sería un dogma de fe, por lo que no se puede demostrar ni ser coherente en su vida cotidiana, con esta postura, por lo que, si alguien la elige, ya será su dogma de fe y quedará fuera de lo filosófico.

2. No hay creación divina porque el Cosmos o la Vida siempre han existido, no tuvieron un principio y no tendrán ningún fin. Otro dogma de fe más. Esto va en contra de todas las observaciones, donde el Cosmos es un continuo de amenazas de destrucción, de agotamiento de energías, de continua trasformación y movimiento, de un frágil equilibrio, y más cuando hablamos de la Vida. Un escape dogmático a esto podría ser la conjetura de que todo se crea y destruye una y otra vez, sin fin y por sí solo, en un Eterno Retorno, como dicen los literatos. Pues este dogma de fe no tiene manera de

demostrarse en ningún sentido, a menos que inventen un mito cosmogónico de fantasía total. De igual manera, está fuera de lo filosófico, por lo que, si alguien lo elige, que vaya a hacerse sus pajas mentales y que siga su vida como todo ser humano, que no habrá diferencia si lo asume o no en esto.

3. No hay creación de ningún Dios, porque, aunque hubo un origen o principio del Cosmos, se produjo de nada, sin ningún motivo, sin ninguna causa. Esta es la postura típica de los que no saben filosofar y les fascinan las conjeturas cientificistas y el afán de llevar la contraria a las doctrinas religiosas. Por supuesto, es un dogma de fe más y materialista-cientificista, además. Eso de creer que algo sale de nada es peor que creer en la magia, porque en la magia está de por medio un mago; en cambio, creer que algo sale de nada, sin nada de por medio, no merece tomarse con seriedad en ningún sentido.

4. No hubo creación divina porque, aunque el Cosmos y la Vida tuvieron un principio, fue el mismo Cosmos el que se dio el origen a sí mismo y, con ello, a la Vida. Esta postura es semejante a la anterior, con la diferencia de que, de nada, y las inexistentes propiedades que no tiene nada, se produjo el Cosmos. Es un cuento para niños de dos o tres años del que te pueden creer, pero no van a entender nada. Otra vez, no merece ser tomado en cuenta este dogma de fe ridículo y lo desechamos por estar fuera de la Filosofía.

5. El Cosmos y la Vida tuvieron un Origen, Principio o Causa fuera de ellos mismos. Esta postura es de la que parte el filosofar real. Que ya veremos si es de causa divina o causa física espontánea. Si es por causa divina, se llama Creación; si es por causa física, se llama Generación Espontánea (o sea, de nada). La primera postura puede ser Filosófica y la segunda antifilosófica y anticientífica. En la postura de la Generación Espontánea del Cosmos, se suscriben el montón de modelos cientificistas, habidos y por haber, relacionados con el bigbangnismo. Hay que estar muy escépticos al respecto porque se divulgan como si fueran descubrimientos científicos, cuando en realidad no son más que conjeturas sacadas de la imaginación e imposibles de demostrar científicamente de modo real. No se dejen deslumbrar por sus cálculos matemáticos y su palabrería cientificista, pues, aunque las matemáticas no fallan, lo que sí falla son los datos de los que parten, que son solamente sacados de sus supuestos. La Filosofía, en cambio, te hace reflexionar por ti mismo y evitar que estos sofistas cientifizoides, que proponen conjeturas que no sirven para nada, más que para su afán cientificista estéril, te hagan renunciar a tu propia racionalidad y sana lógica. La Filosofía sirve tanto para saber cosas verdaderas como para fundamentar la vida práctica. En cambio, esos remedos chafas de mitos cosmogónicos bigbangnistas no sirven para nada, ni para la vida práctica.

Ahora bien, si aún tienen dudas de que mi definición de Dios sea la mejor, vamos a recoger algunas para saber si son mejores.

Definiciones

Diccionario de la Real Academia Española:
"Ser supremo que en las religiones monoteístas es considerado hacedor del universo".

Esta definición no sirve, porque necesitamos una que se aplique a los dioses en general y no sólo al de las religiones monoteístas. Además, eso de hacedor (hacer es actividad humana) no es preciso; es más propia de un dios la palabra *creador*. También observamos que habla de un dios personal, por lo que queda descartada.

Diccionario de filosofía de Nicola Abbagnano

De este *Diccionario* podremos sacar varias definiciones
"Dios es el principio que hace posible el mundo o el ser en general".

Esta es una buena definición de Dios y, de hecho, sí cumple como definición filosófica, pero es tan filosófica que los ateos no lo podrán entender y no es adecuada para los dioses religiosos. Tampoco es precisa y le hace un coqueteo al Panteísmo, porque luego se puede decir que tal "principio" es puramente físico.

"Dios es el creador del orden del universo".

Bien por usar la palabra "creador", pero decir que dios es el creador del orden, deja la ambigüedad de la posibilidad de que el mundo o universo era un caos, pero ya existía; luego, tal dios vino a poner el orden. Es también una definición deficiente al utilizar el artículo masculino *el*, cuando lo más preciso sería usar el artículo neutro *lo*.

"Dios es el que creó el mundo (universo) a partir de nada (*Creatio ex nihilo*)".

Esta definición es filosófica, sin embargo, no es correcto decir que dios creó el universo de/desde la nada, porque se puede decir que la nada es algo de lo cual se puede crear todo. Se entiende que la definición quiere decir que dios, sin que hubiera algo como el universo, le dio existencia. Esta definición puede quedar así: "Dios es el que creó el universo", y nada más. Lo de *ex nihilo* sobra, porque es una obviedad, pero sí presta a ambigüedad. Tampoco es correcto utilizar el artículo *el*, porque hablamos de una personalización de la deidad.

"Dios es el primer motor o guía de todas las cosas que se mueven (Motor inmóvil)".

Tenemos otra definición filosófica, y como tal, es compleja de entender y se presta a ambigüedades. Esta definición tampoco la entenderían los ateos/agnósticos, porque sería demasiado para ellos. También la podría mal usar un panteísta y el Panteísmo está fuera de lo filosófico. Tampoco señala lo importante: creación.

"Dios es tal, que nada mayor puede ser concebido; un ser máximamente grandioso".

Esta definición es con la que parte un argumento ontológico de la existencia de dios. El argumento dice que si es posible un ser todopoderoso, omnisciente, moralmente perfecto en todos los mundos posibles, entonces tal ser máximamente grandioso es dios y existe en la realidad. De este argumento solamente vamos a tomar la definición de dios, por el momento. La debilidad de esta definición es que trata a dios como un ser que se puede medir, como si hubiera parámetros o referentes con lo que se pueda medir en grandiosidad o mayoridad; como si los humanos fuéramos capaces de medir a un Dios. Además, agrega atributos divinos propios de las teologías. No es una definición filosófica, sino teológica, por lo que queda descartada.

"Dios es el Creador personal del universo sin causa, inmutable, inmaterial, atemporal, no espacial y enormemente poderoso".

Esta definición la sacamos de un argumento cosmológico. La idea de dios de esta definición es teológica, porque trata a dios como un ser personal. La enumeración de atributos divinos siguientes, son dignos de ser explicadas separadamente, y, de igual manera, a los ateos/agnósticos les costaría mucho entenderlas. En general, la definición es buena, pero es en parte teológica, en otra parte filosófica. Además, es algo extensa.

Ahora bien, sigue siendo mejor mi definición de Dios, porque es breve, no es personal, capta la característica precisa de un Dios, que es la Creación, la pueden entender religiosos y ateos/agnósticos; y es filosófica.

Es momento de elegir entre su independencia intelectual o su dependencia a los dogmas de fe absurdos materialistas, o sea, entre Filosofía o Necedad cientificista. Cuando hayan elegido su independencia intelectual y filosofar, entonces están listos para seguir con lo siguiente. De otra forma, hasta aquí llegaron con su lectura. Sigan con sus dogmas de fe cientificistas ateas, aunque sean peor que basuras estériles.

Por cierto, no hemos definido el Cientificismo: la ideología atea que cree que, inventando cuentos materialistas de los Orígenes, sacados de su gran imaginación, pueden despojar de la ecuación todo rastro de la Causa divina.

Si eligieron filosofar, continuemos.

Era importante que se colocara una definición de Dios precisa y adecuada; lo cual ha quedado:

Dios es aquello que creó el Cosmos y la Vida.

Para filosofar, necesitamos partir de verdades absolutas, llamadas "axiomas lógicos", porque no vamos a partir de supuestos, ni de ideas vero-símiles, ni de sospechas, ni de dudas, ni de conjeturas... tal como lo hacen los cientificistas. Los axiomas lógicos no son dogmas de fe, sino verdades absolutas que se acomodan perfectamente al entendimiento humano. Quien no acepte estos axiomas lógicos, no tiene capacidad para filosofar, estará reprobado y nuevamente no podrá avanzar más. Un axioma no requiere ser demostrado, porque es evidente por sí mismo para el entendimiento humano. Veamos:

A) Algo no puede generarse o ser causado por nada.

B) No hay efecto sin causa.

C) El efecto es proporcional a su causa.

D) En los seres vivos, el todo no es igual a la suma de sus partes.

E) El entendimiento y el actuar humanos tienen límites inexorables absolutos.

F) Los humanos piensan y actúan como humanos y nada más que humanos.

G) La verdad es cosa de humanos.

H) Los Orígenes (del Cosmos y la Vida) están fuera del acceso humano.

I) Nombrar no es conocer o dar existencia a algo.

J) Materia + materia = más materia.

K) Azar es desorden relativo; Caos es desorden absoluto.

Estos axiomas son evidentes por sí mismos y no necesitan demostración. Sin embargo, somos humanos y, como tales, a veces la fe, la imaginación, el fanatismo, la necedad pueden más que aceptar lo evidente. Es por eso que vamos a ampliar los axiomas un poco, para que los que no los logran comprender totalmente, lo logren hacer o, al menos, lo intentaremos.

Axioma A. **Algo no puede generarse o ser causado por nada.**

Esto es evidente, pero hay quienes creen en algo más fenomenal que la magia, porque, al menos, en la magia está de por medio el mago, en cambio, si alguien piensa que algo se puede generar de nada, no tienen ningún fundamento real. Sabemos que la magia es un conjunto de trucos, pero nos hace creer en la fantasía de que el mago atrae energías o fuerzas misteriosas con los que logra hacer cosas extraordinarias.

Cuando alguien dice que algo vino de nada, simplemente está fuera de sano razonamiento y apuesta por la fantasía y algo peor que la magia. En la Fantasía se puede pensar o imaginar lo que se ocurra; no hay límites. El fantasear es una capacidad humana y no es negativa por sí misma, es una característica muy humana y necesaria para muchas cosas, pero cuando estamos en el plano de la Filosofía, está fuera de lugar.

Aunque ustedes no lo crean, ha habido sujetos que han pasado por muchos años como "científicos de alta capacidad intelectual", que han afirmado que el Cosmos se generó de nada. Los podría citar aquí, pero para mí no merecen que los mencione siquiera en este texto.

También es preciso que no hablemos de La Nada, así, en abstracto y con mayúscula, porque *nada* no merece ni ser escrita con mayúscula ni tampoco se puede hacer abstracción de nada, porque eso despierta la imaginación y nos hace creer que La Nada es "Algo", cuando no lo es en absoluto. Tengan siempre presente que nada es nada, siempre y en todo momento y en cualquier disciplina; aunque sea una redundancia, pero sirve para reafirmar lo dicho. De hecho, ni siquiera deberíamos anteponer el verbo ser a la palabra *nada* cuando estamos en Filosofía, porque *nada* ni siquiera es definible, porque simplemente, ni siquiera es un Algo. Si alguien nos pide que definamos La Nada, ese sería un sujeto que no acaba de entender que esa palabra no necesita una definición, porque la sola palabra *nada* es suficiente para entender a qué nos referimos. Quien diga que tal cosa vino de nada, simplemente es un tipo al que le puede más la fantasía que la realidad.

Cuando los antiguos creían en la Generación Espontánea y creían que tal cosa vino de nada, o sea, espontáneamente, en realidad, les adjudicaban tales fenómenos a los dioses, nunca de absoluta "nada". Luego hubo una época más reciente, en que veían algunos humanos que las moscas, por ejemplo, aparecían de "nada" en la carne en descomposición y a eso le decían que era por generación espontánea. Después se descubrió que eran las moscas las que depositaban sus huevos: cuando colocaron un filtro que imposibilitó que aparecieran las moscas. Luego, también con la bacteriología, se confirmó que la Generación Espontánea no era cosa científica, sino cosa de la ignorancia o fantasía. Sin embargo, corrientes cientificistas siguen con la inercia de la Generación Espontánea, o sea, Generación desde nada, y divulgan sus conjeturas sin ni siquiera saber cómo se demuestran científicamente. Son tan nefastos que creen que inventando una "teoría" que no es más que una conjetura con palabrería cientifizoide, con eso construirán una demostración científica. Parecerá una exageración, pero, por ejemplo, la conjetura del Big Bang, cuando se le quita el factor dios, como la Causa, no es otra cosa que otro producto de la Generación Espontánea, porque por más conjeturas fisicoides que digan, terminan en una causa espontánea, es decir, por nada.

A propósito de "nada", hay una pregunta que ha pasado por "filosófica", que han dicho algunos supuestos filósofos: ¿por qué hay algo en lugar de nada? Esto es como preguntar: ¿por qué hay un Sol en lugar de ninguno?... ¡Es una pregunta inútil, porque "nada" no puede ser una referencia en ningún sentido!, al menos, en Filosofía. Lo que importa es lo que existe, no "nada". Una pregunta útil en la Filosofía sería: ¿por qué lo que existe es como es y no de otra manera? Esta sí es una pregunta útil y de la cual se puede filosofar. No se puede filosofar con nada. El axioma que tratamos no tiene de referencia (nada), sino que está señalando que Algo necesita ser generado o causado por otro Algo (no por nada) y de eso sí se puede filosofar.

Axioma B. **No hay efecto sin causa.**

Por supuesto, este axioma, como tal, es evidente por sí mismo y no requiere demostración. Aunque es semejante al anterior, porque no hay efecto que venga de nada. No obstante, es muy útil en Filosofía, porque esta sigue las cadenas de causas y efectos sin llegar a absurdos como que tal fenómeno no tiene una causa o no es un efecto. Este axioma es demasiado evidente y fácil de aceptar.

En lugar de dar por hecho las cosas y partir de allí, sin ir más allá de lo aparente, como lo hacen los malos filósofos o los cientificistas, en Filosofía se sigue, en términos generales, la cadena de causas y efectos y sus correspondientes principios que los hacen ser lo que son y no de otra forma. Por ejemplo, yo he hecho énfasis, y lo seguiré haciendo, en el hecho de que si nos sabemos humanos tal como aparecemos y actuamos, de allí lo damos por hecho y no profundizamos más de nuestra esencia y vemos ateos hablando de libertad y de moral sin percatarse que no les corresponde. Es decir, damos por hecho la libertad, por ejemplo, pero si nos ajustamos a una ideología de que somos materia y sólo materia, entonces la libertad resulta mera ficción, por lo que la misma moral perdería sentido si fuéramos coherentes con tal ideología. Cuando se sigue la cadena de causa-efecto, el efecto libertad no sería por causa de un alma o espíritu otorgado por una deidad, tal como lo saben los que creen en Dios, sino por simples interacciones atómicas.

También es útil seguir la cadena de causas-efectos cuando se debate si hablamos de seres contingentes o necesarios o cuando algo puede ser eterno o se generó en algún momento.

Axioma C. **El efecto es proporcional a su causa.**

Este axioma es poco conocido o no considerado, pero es muy importante. A primera vista, puede ser difícil comprender para algunos, y para estos algunos, hay que aclararles a qué se refiere este axioma.

Con la palabra *proporcional* me refiero a que algo tiene el potencial de dar tal efecto, o bien que algo NO tiene el potencial de dar tal efecto. Este axioma ayuda mucho para no dejarnos engañar de que tal cosa da tales efectos, cuando ni siquiera tiene el potencial para hacerlo, y cuando se filosofa, resulta que otorgarle tal potencial a lo que no lo tenga es por acto de fe (sea religiosa o materialista) o por ignorancia.

Demos unos ejemplos:

Alguna vez algún agnóstico cientificista dijo que es cosa de darle el suficiente tiempo a los átomos de hidrógeno para que hicieran posible el Cosmos. En este caso, el sujeto imaginaba que los átomos de hidrógeno tienen el potencial de formar el Cosmos y, con ello, también la Vida. Esto, por supuesto, no es científico, porque no es demostrable, solamente era un acto de fe de un materialista que cree absurdos equivalentes a que los ladrillos tienen el potencial de formar casas, sólo hay que darles el suficiente tiempo.

La escultura (efecto) es proporcional al escultor (causa), pero el mármol no es proporcional al escultor, porque no lo creó. Al escultor le es proporcional la forma, mas no la materia.

A una explosión le es proporcional destruir, mas no le es proporcional dar orden o construir.

Podríamos dar muchos más ejemplos, pero con esto es suficiente para enterarnos a lo que se refiere este axioma. Como pueden ver, se puede usar para lo particular y para lo general.

Axioma D. **En los seres vivos, el todo no es igual a la suma de sus partes.**

Este axioma es para borrar la fantasía de que los seres vivos no son más que suma de partes materiales o químicas. Tenemos, por ejemplo, un cadáver, que tiene todas las partes sumadas, pero no suman el todo porque no tiene vida. La fantasía frankensteintoide, donde basta sumar las partes para tener el todo, es un imposible. Cuando un humano, por ejemplo, muere, ya no se puede hablar de un humano, sino un cadáver de algo que fue un humano.

Este axioma no se aplica a los inventos humanos, donde estos se encargan de sumar las partes y sin problema obtienen el todo; no así con los seres vivos.

Axioma E. **El entendimiento y actuar humanos tienen límites infranqueables absolutos.**

Este es otro axioma para controlar la fantasía humana, que muchas veces se cree omnipotente y omnisapiente en potencia: que es cosa de que pasen los años o siglos para que sepamos o hagamos lo que se suponía, únicamente era cosa de dioses. Llamo "límites infranqueables absolutos" a que, desde que ha habido humanos hasta que se extinga el último humano, tales límites fueron, han sido y serán insuperables.

Unos ejemplos de límites infranqueables ayudarán a entender el axioma:

Jamás los humanos encontrarán la llamada Piedra Filosofal, o sea, hacer una alquimia que sirva para convertir metales distintos en oro. Jamás los humanos encontrarán la Fuente de la Juventud. Podrán los humanos prolongar un poco más la vida o avanzar en trucos para aparentar tener menos edad, sin embargo, vivir cien años..., ya será más que suficiente. Hay quienes han vivido un poco más que eso, pero son raros y no es mucha diferencia. La inmensa mayoría de la humanidad vivirá menos de cien años y así será mientras existan humanos, y aun así será inevitable que ya nuestra integridad o capacidades estén altamente menguadas.

Los humanos jamás van a crear vida. Los humanos pueden manipular la vida hasta cierto límite, pero nunca van a crear vida. La idea de que los padres son los que dan la vida es solamente una expresión coloquial, mas no real; los humanos son agentes pasivos en el evento de la vida. Así sea la madre la que lleva la vida en el vientre con todas sus incomodidades, la madre no deja de ser sólo un testigo pasivo, aunque directo, del espectáculo de la vida.

Los humanos jamás vamos a habitar otros lugares en el Cosmos, como nos lo pintan las películas de fantasía. Los humanos están hechos para depender siempre de la Tierra, somos demasiado débiles y vulnerables y necesitamos de los elementos que hay en la Tierra para sobrevivir.

Aunque hay ingenuos que piensan que los humanos o cualquier otro ser vivo somos sólo química/física, en realidad los humanos jamás encontrarán la fórmula química para crear humanos. A los que lo creen, que empiecen por buscar la fórmula química que elimine la estupidez humana, que eso sí sería útil.

Axioma F. **Los humanos piensan y actúan como humanos y nada más que humanos.**

Este axioma es evidente, pero muchos no se han enterado. Es común entre los humanos que se refieran a otros con adjetivos como: *bestia, animal, máquina* o mencionando algún animal en particular; sin embargo, también es algo coloquial, mas no real y además incorrecto. También hay expresiones muy usuales: "¡esto es inhumano!", "necesitamos ser más humanos", "el Ateísmo es un humanismo"..., etcétera. Este tipo de expresiones son incorrectas, porque por más que los humanos traten de imitar o parezcan que imitan a los animales, nunca será real y nunca se dejará de ser humanos.

Si los humanos actuaran como animales, estarían libres de toda moral, porque los animales no están sujetos a ninguna moral. Es un error juzgar a los animales bajo nuestros inventados preceptos morales. La moral es un invento humano y, como tal, exclusivo para los humanos. Si los humanos de verdad trataran de comportarse como animales, pues intentarían limitarse a sus esenciales necesidades sin las ambiciones sin límite que nos caracteriza.

Por supuesto, hay cosas similares entre humanos y animales, porque compartimos muchas características; no obstante, hay cosas propias de humanos y son las más trascendentales. La idea de relacionar lo inmoral con los animales es muy antigua y de herencia religiosa. Se cree que hay una superioridad ontológica de los humanos frente a los demás animales y de allí proviene la idea del humanismo, como lo que siempre está a favor de la humanidad; en contraposición, está la Animalidad, como lo que está en contra de la humanidad. Si abandonamos la parte ideológica y mal entendida de lo humano, entonces ya no se justifica el Humanismo como lo que es positivo únicamente.

Entonces, nos corresponde a los humanos saber que pensamos y actuamos solamente como humanos. Si imitamos a los animales o hacemos actos similares, únicamente eso somos: humanos imitando o coincidiendo en lo general con los animales.

Podría objetarse que los humanos son animales y nada más que animales, sin embargo, esa afirmación no sirve, porque los humanos siempre haremos una distinción entre los humanos y los demás animales. Si tratáramos de ser coherentes con que somos animales y sólo animales, tendríamos que eliminar la moral o la responsabilidad de los actos. ¿Acaso vemos que se enjuicie a una vaca por defecar en lugar prohibido o a un león por tragarse a sus crías? Si no vamos a eliminar la moral de los humanos, entonces conviene hacer la distinción entre humanos y animales. Esta distinción no va en sentido de superioridad o inferioridad ontológica, pues esas son ideas religiosas, sino para señalar quién tiene responsabilidad de los actos y quién no la tiene: ni inferior ni superior, solamente con diferencias específicas.

También es muy común creer que los humanos tenemos una inteligencia y hasta forma análoga a un Dios. Esto explica las teologías donde antropomorfizan a sus deidades, aunque sea de modo superlativo. Se dicen cosas como que dios es inteligente, personal y tiene pasiones o emociones. Es decir, se cree que pensamos de manera similar a un dios. Esto es herencia de la mitología religiosa, lo cual no es un error, porque es una tendencia normal y necesaria a los humanos. Pero lo que sí hay que tener siempre presente es que sólo son mecanismos puramente humanos, pero no realidades. Nunca un humano será un gato, por más que se sienta gato o actúe como gato; nunca un humano será un pequeño dios, por más que crea o se sienta un pequeño dios.

Axioma G. La verdad es propia de humanos.

Este axioma sí es difícil de tragar, aunque debiera ser evidente por sí mismo. Los religiosos serían los primeros en tratar de absurdo este axioma, porque para ellos la verdad viene de sus deidades: es su dios el que les revela la verdad y hasta les dejó la verdad hecha texto sagrado. La creencia de que la verdad viene de dios es un dogma de fe. Pero, como ya saben, aquí vamos a tratar de Filosofía, no de religión, o sea, sin dogmas.

Como dije en capítulos anteriores, un Dios Creador no podría estar sujeto a los juicios morales de insignificantes humanos, como el de que si es bueno, malo, indiferente...; ni tampoco si dice o no la verdad, porque eso es antropomorfizarlo. Un Dios estaría más allá de lo que los humanos llaman "verdadero". La verdad es un juicio propiamente humano entre lo que se apega a lo real y la mentira/engaño que no se apega a lo real. Lo real es lo que los humanos podemos lograr percibir según nuestras capacidades y percepciones humanas y lo juzgamos evidente o demostrado en referencia con los límites de las capacidades humanas.

La definición puede determinar si la verdad es cosa de dioses o de humanos, así que demos una definición de *verdad*. Pongamos una común: "verdad es la correspondencia entre los juicios y la realidad". Ante esta definición, pregunto: ¿qué ente hace juicios?, ¿las plantas?: no; ¿los insectos?: no; ¿los animales?: no, porque no tienen la manera de juzgar si sus acciones corresponden o no a la realidad, ni distinguen si algo es real o no. ¿Un Dios?: no, porque los juicios son propios de humanos, debido a que la realidad es lo que los humanos alcanzan a percibir, lo que su entendimiento limitado logra percibir y juzgar como lo real. Lo que los humanos llamamos "realidad" es cosa propiamente humana, porque tal percepción de la "realidad" depende de las capacidades humanas. No es correcto pensar que lo que para los humanos es real sea igual o semejante a la deidad, a menos que lo antropomorficemos.

Pongamos un ejemplo: ¿es verdad que el Sol existe? ¿Es necesario consultar un libro sagrado de una religión para decidir si existe o no el Sol? Por supuesto, para saber si el Sol existe, basta que nuestras observaciones y métodos de verificación coincidan y luego es verdad absoluta que el Sol existe. Si, hipotéticamente, los humanos carecieran de vista y sensibilidad, sin duda, no hubieran llegado a esa verdad de que el Sol existe. La verdad, entonces, depende de las capacidades humanas.

Se necesita una religión y textos sagrados para decir si existe un dios o dioses en particular, no obstante, no se necesita de la plataforma religiosa para descubrir que el Cosmos y la Vida tienen una causa divina y tal Causa es general, basta con filosofar de modo genuino. Una vez que se concluye, por Filosofía, que el Cosmos y la Vida sólo son posibles por causa divina, entonces es una verdad absoluta. La existencia de los dioses de las religiones es por dogma de fe; la no existencia de los dioses del Ateísmo es por dogma de fe materialista; sin embargo, solamente en Filosofía se puede tener por verdad lógica y racional (sin dogmas) que Dios existe, lo cual es solamente un asunto propio de los humanos. Por lo tanto, en sentido lógico, filosófico o racional, la verdad es cosa propia de humanos.

Axioma H. **Los Orígenes del Cosmos y la Vida están fuera del acceso humano.**

Este es otro axioma al que, a primera vista, no van a aceptar los religiosos ni el Ateísmo. Habrá que justificar por qué es un axioma.

Este axioma se desprende del axioma de que el entendimiento humano tiene límites infranqueables absolutos y los Orígenes sobrepasan los límites del entendimiento humano. Hasta ahora, lo que hay disponible respecto a los Orígenes son los mitos cosmogónicos y las conjeturas cientificistas. Los primeros no pretenden pasar por lectura literal sino simbólica, que represente que la Creación es obra divina y pauta para la conducta humana: esa es la función importante de los mitos cosmogónicos. Por otra parte, están las conjeturas cientificistas que pretenden ser de lectura literal y hasta se dicen "teorías científicas", pero no son más que remedos de mitos cosmogónicos ateos/agnósticos o cuentos de mala calidad.

Para que supiéramos como verdad absoluta cómo y cuándo sucedieron los Orígenes del Cosmos y de la Vida, no tendría que ser con mitos ni con cuentos cientificistas, sino con demostraciones indudables y repetibles. Podría ser, por ejemplo, que se repitiera el evento a nivel ínfimo, pero efectivo en un laboratorio. Si hablamos del origen del Cosmos, sería reproducir a nivel micro un nuevo Cosmos; ya con que hicieran un Sol a tamaño de una pelota de tenis sería un gran avance. Suena a burla, pero si hubiera ciencia de cómo se forma un Cosmos, esto no sería imposible. Lo cierto es que ni ayer ni hoy ni nunca se puede saber cómo se formó el Cosmos. Es fácil inventar conjeturas sobre el origen del Cosmos, basta con echar a volar la imaginación y soltar conjeturas que suenen realistas y hasta adornarse con ecuaciones matemáticas y rollos cientifizoides para que parezca científico.

Preferible es quedarse con los mitos cosmogónicos, porque esos reconocen la causa divina y dan sentido a la vida humana; en cambio, los rollos cientifizoides no dan sentido a la vida humana y no reconocen la causa divina.

Respecto al origen de la Vida, también únicamente hay mitos y sus remedos cientificistas. Para que nos constara cómo y cuándo se creó la Vida, también habría que reproducirla en laboratorio, de modo que no quede margen de dudas. Tal vez no salgan los mismos seres vivos como los que hemos conocido; tal vez salgan entes gelatinosos, brillantes, sin sentidos, sin inteligencia, sin esqueletos, sin órganos, pero, al fin, vivos. Eso sería un gran avance. Suena también a broma, pero si tuvieran la ciencia de cómo se forma la vida "espontáneamente", lo harían sin problema.

También es preferible quedarse con los mitos del origen de la vida, porque dan sentido a la vida humana y reconocen la causa divina, que quedarse con la basura cientificista que solamente te hace creer que sabes de lo que hablas —cuando no sabes nada— ya porque usaste terminología materialista y formulitas químicas.

Hay, por supuesto, la fe y esperanza de que, algún día, algún genio descubra cómo rayos se genera la vida sin que intervenga ningún dios, sino que bastará el limitado e insignificante intelecto humano. Se confirma que los cientificistas se creen omnisapientes en potencia. Si consideran que la vida es únicamente una reacción química, que empiecen por encontrar la fórmula química contra la estupidez humana. Tal vez, con unas pastillas tomadas vía oral, harán que los humanos dejen de hacer estupideces. Que empiecen con eso, porque eso sí sería importante y trascendente, y no observando cómo se adaptan las moscas a determinados cambios ambientales.

Las ciencias biológicas y químicas tienen cosas más cruciales de que ocuparse que perder el tiempo tratando de adivinar cómo se generó la vida desde los simples elementos materiales en un pasado muy remoto. Aparte de que nunca lo lograrán sin engañarse o engañar a otros, porque sólo inventarán cuentos sacados de la imaginación y de innumerables supuestos, estarán perdiendo su tiempo al no invertirlo en cosas necesarias a los humanos, al medio ambiente, a la tecnología, a la medicina, a proteger seres vivos y muchísimas cosas. Es curioso ver que se le da más rimbombancia y alharaca a un falso descubrimiento por conjetura y sin demostración real de cómo alguien imaginó que se originó la vida hace millones de años, y al personaje casi lo ponen en un altar cientificista, a cuando alguien descubre una cura a una enfermedad, cosa de la que casi nadie se entera y poco se le reconoce.

En definitiva, una vez que se demuestre que la existencia de Dios y de que el Cosmos y la Vida son obra exclusiva de la deidad, ya no es necesario que los humanos le jueguen a ser semidioses y crean que no es necesaria la divinidad para que la vida sea posible, mejor podrían dedicarse a cosas útiles y necesarias a la cotidianidad de la vida antes de que se extingan.

Es muy útil saber los límites del entendimiento humano, porque así no se pierde el tiempo ni los recursos económicos y físicos en construir castillos en el aire. Los Orígenes están fuera del entendimiento humano, no se dejen engañar con cuentitos cientifizoides.

Axioma I. **Nombrar no es conocer o dar existencia a algo.**

Esto es una obviedad, algo tan evidente que hasta puede ofender que alguien nos recuerde esto; no obstante, es muy común que se nos olvide y dejarnos seducir, nuevamente, por el cientificismo oculto, porque tiene formas muy sutiles para hacernos creer su validez.

Nombrar es fácil y cualquiera lo puede hacer, no es cosa de ciencias. Sin embargo, abunda la pretensión de que nombrar es conocer o dar ser. Pongamos algunos ejemplos:

Son conocidos los "nombres científicos", donde está bien darles nombre a las especies, pero ¿por qué ponerle el adjetivo de "científico"? Es otra antigua costumbre de etiquetar algo de "científico", a pesar de que no hay ciencia real. Se descubre una especie, se observan sus particularidades y con eso ya lo nombran... ¿científicamente? Un carnicero o ganadero conoce mejor a un cerdo, por ejemplo, pero hubo quien le dio el nombre científico *Sus scrofa domesticus*, y, ¡oh!, ¿el que lo nombró sí que sabe lo que es un cerdo? Porque este lo pudo colocar en un grupo familiar y clasificarlo, y nada más. Esa es la sensación que da escuchar que es cosa "científica". En realidad, nombrar y clasificar especies hasta los niños lo podrían hacer, no se agrega conocimiento, así le adjetiven de "científico".

Hablando del léxico científico, ¿hasta dónde puede llegar el conocimiento de lo que nombran? Pensemos en los muy famosos átomos, palabra heredada de los antiguos griegos. Para aquellos griegos sólo era una abstracción de la parte mínima indivisible, de lo que necesariamente están hechas las cosas, porque las cosas están hechas de partes, necesariamente; no importaba si no era observable. Luego llegaron los físicos modernos y hasta inventaron modelos de cómo se podrían ver, cuando no hay manera de verlos ni de constatarlo, pero fueron más allá y de lo indivisible pasaron a que también tenía partes, y estas partes, otras partes. Abandonaron la filosofía por seguir su imaginación y la divulgan como "verdades científicas". No la presentan como supuestos o modelos imaginarios, sino como si fueran reales, como si fuera una fotografía directa y en acción. Pero como para la imaginación no hay límite, pues fueron más allá e inventaron las conjeturas cuánticas.

En realidad, los átomos son y serán una abstracción. Una abstracción es una elaboración mental simbólica de lo esencial de algo, de lo que no podemos conocer directamente. Así, un átomo tiene por esencial ser la parte mínima de la materia, y tan mínima que es indivisible, porque si se divide, ya no es un átomo. Al átomo no necesitamos observarlo directamente para saber si existe, basta con saber que la materia está compuesta de partes, y a su parte mínima se le ha llamado átomo. Si se dice que alguna sustancia no tiene partes, sino que es algo uniforme, puro o sin átomos, entonces no podría dividirse sin destruirse la totalidad de la sustancia. Sin embargo, no hay sustancia material que no pueda dividirse, es por eso que se concluye que toda materia tiene átomos o algo equivalente. Cuando se le destruyen los átomos a alguna materia, deja de ser lo que es y pasa a ser otra cosa. Todo esto se sabe no porque tengamos acceso directo a la observación de los átomos, sino por simple deducción racional.

Sin embargo, llegaron los físicos que, aprovechando la ausencia de buenos filósofos que los pusieran en su lugar, que es la de charlatanes, trajeron la herramienta de su gran imaginación y expusieron cómo se imaginan los átomos y cómo imaginan que funcionan en su "realidad" imaginaria. Con sus modelitos imaginarios atómicos, quieren hacernos creer que saben qué es y cómo funciona la materia y, con ello, la realidad misma. Nuevamente, viene el intento de interpretar la realidad desde una deducción (de lo general a lo particular), y aunque fallan, divulgan sus conjeturas como si fueran verdaderas y como si fueran cosas científicas.

Lo cierto es que la física auténtica es inductiva (de lo particular a lo general); todos sus logros y descubrimientos son observando lo que se puede observar, con prueba y error; con la suma de conocimientos previos; con descubrimientos accidentales, con ensayos y experimentación. La tecnología es gracias a toda esa suma de eventos inductivos, nunca deductivos. La física teórica es charlatanería.

Por lo tanto, nombrar no es conocer. Los nombres son arbitrarios y pueden cambiarlos por los que se les ocurra cuando se les ocurra. Otra cosa es conocer y hasta podemos prescindir del nombre para conocer algo. El lenguaje articulado o escrito es sólo una herramienta humana independiente de la realidad. Tampoco nombrar es dar existencia a algo. Esto es una obviedad, sin embargo, los humanos estamos propensos a creer que, ya con el hecho de nombrar algo, tal cosa existe y más si te lo enseñan desde pequeño y si te lo dice una autoridad.

Pensemos, por ejemplo, en la luz. Nos han contado que la luz está compuesta de partículas de energía luminosa electromagnética llamadas fotones y que es gracias a esas partículas como se explican todos los fenómenos de la luz. Como ya dieron un nombre, entonces podemos confiar que tales fotones existen. Es otra ocurrencia imaginativa más, porque no hay manera de ver los fotones y constatar que existen. Además, la luz no sería la cosa en sí a estudiar, porque la luz sería un efecto, no la causa; es decir, la luz no puede ser el efecto y la causa al mismo tiempo. Nadie puede concentrar un poco de luz para estudiarla independientemente de la fuente. Al tratar de estudiar la fuente de luz resulta que no hay un solo tipo de fuente de luz, sino innumerables y con componentes distintos. Sucede que las fuentes de luz sólo se pueden estudiar en tanto sus elementos y sus reacciones de las mismas fuentes y no hay manera de estudiar los imaginarios fotones.

En realidad, la luz es un misterio insondable que va más allá del entendimiento humano, pero reconocer que es un misterio es insoportable para los cientificistas, mejor dicen que está hecha de partículas, les dan un nombre y, ¡zas!, ¡se acabó el misterio! Se cree que con nombrar se acabó el misterio y con eso el conocimiento ha avanzado. Sin embargo, no basta con nombrar para saber que existe algo, y si no existe tal cosa, entonces el supuesto conocimiento es falso.

Lo que se sabe de la luz y sus múltiples usos no fue a partir de la ocurrencia de nombrar las supuestas partículas, sino que, sin necesidad de nombrar unas imaginarias partículas, bastaba con conocer los fenómenos o efectos que provoca a los que la pueden percibir. Los humanos podemos decir que la luz existe, gracias a que la podemos percibir, de otra manera, ni enterados.

Otra cosa donde no basta con nombrar para saber que existe es la llamada Fuerza de Gravedad. También han inventado que está constituida por partículas que nombraron Gravitones. Casi la totalidad de la humanidad ha dado por hecho y verdad absoluta que la Gravedad existe, porque eso nos han hecho creer desde pequeños. Para muchos la existencia de la Fuerza de Gravedad es tan evidente como la existencia del Sol, pero veamos que no es así. La caída de los cuerpos es cosa que siempre se ha sabido, pero a alguien se le ocurrió nombrar "Gravedad" al tal fenómeno y de allí ya se dio por hecho su existencia.

De la existencia del Sol no cabe dudar, porque lo vemos y sentimos, o sea, no basta con captar sus efectos, sino que la misma cosa Sol está allí, disponible a la vista. Para saber que el Sol existe, no necesitamos que vengan expertos o científicos a que nos demuestren su existencia. Tampoco necesitamos a los expertos y científicos para que nos demuestren la existencia de la electricidad, ni de la luz, ni del magnetismo, ni del aire, ni de los elementos materiales, ni de la Vida, pero ¿tampoco necesitamos que nos demuestren la existencia de la fuerza de Gravedad?

A diferencia de los anteriores, nosotros mismos podemos ver directamente los objetos de la fuente donde salen tales fuerzas, energías y fenómenos, pero ¿dónde está la fuente de la Gravedad? No hay fuente de la Gravedad de la que podamos constatar que de allí emana. Lo que hay son solamente suposiciones como la de que es por la masa de los cuerpos suficientemente grandes, que por el núcleo que imaginan que hay en la Tierra, que por las interacciones entre los cuerpos en el espacio del Cosmos y cosas más fantasiosas como que procede de la deformación del espacio-tiempo. Ninguna de estas fuentes puede ser constatada por cualquiera de modo ordinario, lo único que se puede constatar por cualquiera, y es un hecho, es que los cuerpos con suficiente peso caen. Nos han hecho creer que el fenómeno de la caída de los cuerpos es por la Fuerza de Gravedad; sin embargo, el hecho de que los cuerpos caigan tiene otra razón, y no es por la, tal vez, inexistente Gravedad; les diré por qué de manera breve, pues este tema merece ser profundizado en un capítulo aparte.

La razón de que los cuerpos con suficiente peso caen es por dos factores básicos: 1. por las propiedades de sus elementos. Por eso unos elementos van hacia arriba y otros hacia abajo, según sean sus propiedades, y 2. por el tipo de ambiente en el que están los objetos: no es lo mismo estar dentro del ambiente acuático que estar en el ambiente aéreo. El nivel de profundidad dentro del ambiente acuático importa para saber cómo se comportan las cosas; el nivel de altura es un factor para considerar al momento de saber cómo se comportan las cosas. No se pesa ni se cae de igual forma si se está dentro o fuera del agua, hay que considerar las propiedades físicas. Con estos simples dos factores, los humanos podemos justificar con certeza por qué caen los cuerpos sin necesidad de creer que es por una fuerza gravitatoria que viene de no sabemos dónde.

Otra razón por la que podemos sospechar que la Fuerza de Gravedad no existe es porque las energías y fuerzas mencionadas, como la electricidad, la luz, el magnetismo, por ejemplo, se pueden reproducir por cualquiera de los modos artificiales y en cualquier momento; o porque se pueden bloquear o disminuir con simples mecanismos. Sin embargo, la Gravedad no hay manera de reproducirla ni de bloquearla. Las fuerzas y energías tienen propiedades limitadas, en cambio, la Gravedad tiene, según nos cuentan, propiedades ilimitadas y perfectamente constantes. La intermitencia es permanente y necesaria en las fuerzas y energías físicas, pero la Gravedad no tiene ninguna intermitencia ni nada la puede bloquear, o sea, no importan los materiales ni la densidad ni el tamaño.

Nos han contado también que la Fuerza de Gravedad es la que causa el orden del Cosmos y del movimiento de los cuerpos en el espacio, con órbitas regulares y ordenadas. Es decir, no sólo la Gravedad mantiene el orden en la Tierra, sino en todo el Cosmos y con funciones muy distintas. Tratemos de imaginar que, en un momento hipotético, la Gravedad perdiera todas sus propiedades que nos dicen que tiene, ¿qué pasaría con la realidad? Si la Gravedad es la que mantiene la cohesión de todas las cosas y mantiene su orden, eso significa que todo se volvería polvo disperso y caótico. Entonces, estamos hablando de una Fuerza Mágica y Todopoderosa. Mágica, porque hace las cosas más allá de las regularidades físicas ordinarias.

No hay ciencia física que realmente tome en cuenta la Gravedad, ni siquiera la tecnología. Por ejemplo, la Aeronáutica, donde solamente tienen en consideración las presiones atmosféricas, la meteorología, las propiedades del viento y aerodinámica..., en fin, nunca la supuesta Gravedad. Los aviones vuelan gracias a que navegan en el aire, porque sin él no tendrían dónde montarse; y si caen, no es por la Gravedad, sino porque la materia tiene propiedades como el peso. Todas las regularidades físicas, como la electricidad, el magnetismo y las fuerzas nucleares, tienen variaciones de intensidad, tienen intermitencia, dependen de las condiciones en las que actúan, etcétera. Ah, pero resulta que la Todopoderosa Gravedad es tan impecablemente funcional que todo lo hace, y con una perfección y precisión que hasta a la Vida la hace posible, sin variación de ningún tipo. Podríamos decir que la Gravedad es como una semidiosa impersonal. Luego demostraremos más ampliamente que la Fuerza de Gravedad es un invento fantástico y un nombre otorgado a lo que ni siquiera pueden demostrar con auténtica ciencia.

Y para terminar este apartado, hablando de que no basta nombrar para dar existencia, vamos a dar un adelanto de que ni la Evolución biológica ni el Big Bang son cosas científicas, sino un montón de conjeturas que parten de supuestos y de piratear ideas de las auténticas ciencias, lo que significa que hay muchos nombres para cosas que no existen, pero se dan por hecho o por realidad.

Que esto sirva para saber que no basta que pongan la etiqueta de "ciencia" para que realmente sea cosa científica. No hay que creer todo lo que se divulga, recomiendo que empecemos a ser críticos, sobre todo cuando se meten a los temas de los Orígenes o de la falsa ciencia de la Física Teórica.

Axioma J. Materia + materia = más materia.

Este axioma es poco conocido, pero es muy importante y en su momento veremos el porqué. Ya sabrán que cuando hablamos de "Materia", nos referimos a los elementos y fenómenos físicos. Si sumas electricidad + electricidad, ¿qué da? Efectivamente, más electricidad. Si sumas agua + agua, resultará más agua. Si sumas arena + arena, será más arena. Si sumas átomos + átomos, resultará más átomos. Es muy simple y claro este axioma; lo único que hay que aceptar es que es verdadero y no hay que olvidarlo.

Axioma K. Azar es desorden relativo; Caos es desorden absoluto.

Caos es la ausencia absoluta de orden. Este es un concepto exclusivamente filosófico, porque nada de lo que existe tiene un caos, sólo es un concepto referente a una hipotética ausencia absoluta de orden. En vista de que el Cosmos y la Vida guardan cierto orden, no podemos visualizar dicha ausencia para dar un ejemplo. Lo único que importa saber al respecto del Caos es que jamás podrá dar orden en ningún nivel, en ningún sentido, ni antes, ni hoy, ni nunca. Es desorden absoluto. Azar es la ausencia relativa de orden. En el Azar hay un cierto desorden, pero es relativo. El azar es lo que ha prevalecido en el Cosmos y la Vida, y lo vemos por todas partes. Hay innumerables ejemplos, pero pongamos uno muy humano: los juegos de azar. En ellos hay cierta inteligencia subyacente, que radica en quienes inventaron los juegos, los cuales, a su vez, están hechos para que haya cierto desorden, aunque siempre hay un orden para que se gane en algún momento. Una máquina tragamonedas está hecha para que haya desorden en cierto nivel, donde la máquina pierda en ocasiones, pero a final de cuentas la casa siempre va a terminar ganando la mayor parte. Todo estaba planeado. Detrás de este tipo de azar está la inteligencia humana.

En el mundo físico, podemos ver, en la reproducción, por ejemplo, que los hijos no son copia exacta de los padres, ni tampoco cada hijo sale idéntico a otro; hay muchas características iguales, en tanto especie, pero tienen un fenotipo distintivo. Donde se notan más estas diferencias es en los humanos, sobre todo en su fenotipo y en su temperamento o personalidad. Hay un cierto azar que hace posible las diferencias, pero también hay un orden que hace posible las semejanzas. Ni siquiera con reproducción genética se pueden predecir todas las siguientes generaciones, sino solamente las inmediatas, porque en algún momento se va a romper la norma, dado el azar relativo. Además, hasta en los guisantes o sus vainas hay diferencias entre unos y otros, aunque sea difícil de percibir a primera vista.

El Azar siempre es relativo, nunca absoluto, ni siquiera en el mundo físico. Por ejemplo, en las especies el azar nunca es caótico, siempre permite unas diferencias, pero sin dejar de ser de la misma especie. En los fenómenos físicos, como los cambios climáticos, los ciclos lunares y solares, los eventos geológicos, etcétera, hay un cierto azar en sus cambios y movimientos.

CAPÍTULO 6

Ha llegado el momento de elegir

"Dios es aquello que creó el Cosmos y la Vida".

En esta definición caben todos los dioses de las teologías y de las ateologías, es decir, de las religiones y de los falsos ateos. Pero cabe —y es del que nos interesa demostrar su existencia— un Dios deducido por el filosofar.

Con la sola definición es suficiente para demostrar que el Ateísmo es falso, porque tienen un dios (La Todopoderosa Materia), aunque no lo reconozcan ni sea real. Sin embargo, en Filosofía la definición es apenas el primer paso para iniciar la demostración de su existencia. Se ha de demostrar un Dios real (por eso la mayúscula), a diferencia del dios irreal del ateologismo.

No estoy diciendo que los dioses de las religiones no sean reales, porque lo pueden ser si entendemos que la idea de dios es cosa propia de humanos, y la verdad también es cosa propia de humanos. Sabemos que Dios en sí es incognoscible y que, filosóficamente, Dios no puede ser algo personal. A pesar de eso, somos humanos y, como tales, necesitamos una relación sentimental con tal Deidad, y no hay una relación que no sea personal. No hay manera de evitarlo, porque hasta los falsos ateos antropomorfizan lo físico y lo tratan como algo inteligente o con finalidad. Aunque Dios sea incognoscible en sí e

inefable, al pasar por el FILTRO DEL ENTENDIMIEN-
TO HUMANO, no hay manera de que no resulte un ser personal con el que podamos comunicarnos, al que le rindamos
veneración, agradecimiento y culto.

No es para humanos un dios ajeno a su Creación, porque
daría igual si existe o no; no es para humanos un dios ateólo-
go/panteísta, porque la libertad y la ética pierden sentido o son
simples ficciones; no es para humanos un dios que no acompa-
ña a los humanos, que no los ve, no los escucha, no los provee
ni auxilia en sus necesidades. El dios que sí es para humanos
es personal, y eso es verdadero porque la verdad es cosa humana. En realidad, todas las ideas de dioses personales, desde
las más antiguas religiones, fueron reales, porque nadie puede
decir que tu dios es falso y el mío es verdadero, sin poner por
delante su dogma de fe. Es porque hay libertad humana que
cada cual puede entender a dios como le dé la gana.

La Filosofía no tiene por qué decir que los dioses personales no existen o no son reales, porque entiende que la idea
de Dios filosófica es antes de pasar por El Filtro del Entendimiento Humano (FEH). A pesar de eso, la separación de la
Filosofía y las teologías es importante, porque resulta que a las
teologías se les puede olvidar que su idea de dios es por dogma
de fe y, a final de cuentas, un asunto personal, y luego creer
que su dios es el demostrado por la Filosofía, cuando no es así.
En cuanto las teologías olvidan esto, son capaces hasta de armar conflictos entre humanos que no compartan sus dogmas,
porque se les olvida que son dogmas.

El Dios, deducido por el filosofar, es antes del filtro del
entendimiento humano y el teológico o religioso, y es después

del FEH; no se oponen, pero no son lo mismo. Digamos que el dios teológico es la máscara personal de Dios, la cual, si se la quitáramos, resultaría en un Dios impersonal e inefable. La máscara es sólo para los humanos. Viene muy apropósito la etimología de la palabra *persona*, del griego πρόσωπον, o sea, 'máscara'. Como no es concebible Dios en sí, los humanos necesitamos de esa máscara divina. La idea filosófica de Dios necesita ser demostrada por deducción racional y lógica; en cambio, los dioses de las teologías no necesitan ser demostrados de modo racional ni lógico, sino que basta asumirlos como dogmas de fe.

Los humanos tenemos libertad de creer lo que se nos dé la gana. Podemos creer cosas supersticiosas o mágicas, a pesar de las evidencias o de suficientes argumentos demostrados. Lo importante es elegir lo mejor aun contra nuestros gustos o ideologías. En el tema de la existencia de Dios, bien se pueden elegir cosas absurdas en lugar de lo más racional o lógico. Yo invito a que elijan lo filosófico, pero que cada cual piense lo que quiera, al fin y al cabo, lo importante no son las creencias o saberes, sino las acciones. Es decir, es preferible una persona que suponga que no exista Dios a una persona que hasta presume que cree en Dios, pero hace actos perversos. Aunque es más preferible una persona que sabe que Dios existe y sea coherente en sus actos con ese saber. Saber que Dios existe no es una virtud, sino solamente una elección por lo más sensato.

Lo único que se necesita demostrar en Filosofía, para saber que la existencia de Dios es verdad absoluta, es que Dios:

a) No es algo físico, sino la Causa de lo Físico.

b) No es un ser vivo, pero sí es la Causa de la Vida.

c) No es contingente, pero es la Causa Necesaria.

d) No es mortal, pero es lo Eterno.

e) Es la Causa proporcional al efecto Cosmos/Vida.

Demostraciones filosóficas de Dios, ya se han dado por distintas personas, a través de la historia, válidas y suficientes. Sin embargo, hay que estarlas repitiendo y darles una nueva presentación para las nuevas generaciones y los nuevos/viejos negadores de su existencia, con nuevas ocurrencias cientifizoides. Hay un factor común de los incrédulos de la existencia de Dios: colocan la Duda como un fin, como si fuera una postura filosófica, cuando sólo es un medio para alcanzar o buscar certezas. Es necesario enseñarles a tomar elecciones y no dejar que sus sofismas obcequen.

PRIMERA ELECCIÓN. Elija usted:

A) Elijo el dogma de fe de que la Materia/lo Físico siempre ha existido, es decir, es eterna, sin principio ni fin.

B) Elijo que la Materia/lo Físico no es eterna, pero creo con fe dogmática que había otra cosa que la generó, pero no es un dios, que luego La Ciencia nos lo contará.

C) Elijo que la Materia/lo Físico no puede ser eterna, porque está sujeta a generación y destrucción continuamente, es decir, es contingente. Eso está sustentado, no por dogma de fe, sino por las observaciones disponibles a cualquiera, incluso científicas. Esto significa que la Materia/lo Físico tuvo un principio en algún momento.

Si usted elige la opción A, ha de saber que es un dogma de fe definitivo. No hay ciencia empírica real que lo pueda demostrar, porque tendría que reproducirlo, lo cual es imposible. Ya sabe que, si elige un dogma, ya no tendrá caso que continúe con el filosofar, porque filosofar no necesita de dogmas de fe. Si usted elige la opción B, ya de entrada ha de aceptar que es un dogma de fe, por lo que queda fuera del filosofar. Esta creencia es un truco de poner un nombre por otro. Pero no ha pensado que sería válido preguntarle si esa otra cosa "No Materia" también fue generada o no, y luego dirá que tal vez no, pero puede haber otra cosa atrás que la generó, y así *ad infinitum*. O tal vez no ha comprendido que "Materia" es sólo una abstracción donde no se requiere conocer la cosa en sí, sino que basta con saber que es un efecto y no una Causa de sí misma.

Si usted elige la opción C, ha optado por lo que hasta usted puede comprobar a simple vista y contemplar cómo se va generando y destruyendo la materialidad en todo momento, por lo que no es dogma de fe. Si se hace un ejercicio hipotético de seguir la cadena de generación/destrucción de lo Físico, será preciso que, por lógica racional, se termine la cadena en algún punto y se concluya que la Materia no es eterna, sino que tuvo un principio. Esta es la opción que le permitirá seguir filosofando.

Ahora cambiamos el concepto de Materia por el de Cosmos, para hablar de cosas más concretas. Seguimos con la segunda elección.

SEGUNDA ELECCIÓN. Elija usted:

A) Elijo creer en el dogma de que el Cosmos no tuvo un origen; quiero creer con fe que siempre ha existido; o prefiero creer que hay un Eterno Retorno de generación y destrucción del Cosmos infinitas veces; o que el Cosmos es un holograma, un sueño, una ficción, un producto de la fantasía humana…; o cosas similares, u ocurrencias que son cosas indemostrables. Pero elijo este o estos dogmas.

B) No quiero pronunciarme si tuvo o no un origen el Cosmos, prefiero estar en medio, jugar al agnóstico, o esperar que alguien diga algo más interesante a mi gusto, así pasen años y muera sin elegir.

C) El Cosmos tuvo un origen.

Si usted elige la opción A, sabe que es lo mismo que creer con fe que la Materia es eterna. El Cosmos ya es una cosa que está compuesta por materialidad, pero con un orden, aunque sea azaroso (no caos). Pero como es un dogma de fe, entonces no hay manera de demostrarlo. Queda fuera del filosofar.

Si elige la opción B, también queda fuera del filosofar, porque la Filosofía no es para mediocres. Aquí hay que tener la honestidad intelectual de elegir o por su dogma o por la racionalidad lógica.

Si elige la opción C, siga adelante en el intento a filosofar.

TERCERA ELECCIÓN. Elija usted:

A) Necesito saber cómo y cuándo exactamente se formó el Cosmos. No me importa si hay varias conjeturas del cómo y cuándo se formó el Cosmos o si no hay ciencia real que lo demuestre, con que me cuenten que lo dijeron unos "científicos" o le echen ecuaciones matemáticas, aunque partan de datos sacados de no sé dónde, pero si me deslumbran y me hacen exclamar: "¡Oh, estos sí saben de lo que hablan!", con eso les daría toda mi fe en sus dichos. No necesito pensar por mí mismo, con que haya sujetos que me parezcan más listos que yo o escriban libros enormes con portadas llamativas es suficiente y con eso me bastaría.

B) Respecto al Origen del Cosmos, prefiero creer en los mitos cosmogónicos, aunque sea dogma de fe, porque así lo dicta mi religión o mi escrito sagrado.

C) Los humanos no sabremos jamás, a ciencia cierta, cómo y cuándo se formó el Cosmos, porque eso está fuera de las ciencias empíricas y lo único disponible son mitos cosmogónicos o conjeturas cientifizoides.

Si usted elige la opción A, ya no continúe con la lectura, ya que la Filosofía es para los que gustan pensar por sí mismos y tener capacidad crítica. Además, están fuera los dogmas de fe en la Filosofía.

Si elige la opción B, la de creer en los mitos cosmogónicos como verdad absoluta, puede continuar con el filosofar y la lectura, porque no se oponen los mitos cosmogónicos con el filosofar, ya que puede llegar a entender que los mitos son verdades simbólicas, necesarias para darle sentido a la vida humana, y el filosofar son verdades lógicas y racionales antes de pasar por el filtro humano. También si usted elige creer en conjeturas cientifizoides, le invito a seguir leyendo, que tal vez cambie de opinión.

Si elige la opción C, es porque sabe que los humanos no somos omnisapientes en potencia, o sea, que el entendimiento humano tiene límites infranqueables. Sabe que no hay ciencia empírica real que pueda demostrar ni el origen del Cosmos y ni el origen de la Vida, porque para demostrarlo con ciencia auténtica tendría que reproducirlo en laboratorio o viajar al pasado para atestiguarlo, cosas que son imposibles. Sabe que no hay que dejarse engañar con conjeturas cientifizoides ni experimentos insustanciales. Si acepta esto, lleva las de ganar en el filosofar.

CUARTA ELECCIÓN. Elija usted:

A) Las ciencias empíricas sí se pueden meter en el tema de la existencia de Dios. Por ejemplo, me parecería inteligente que un químico, en lugar de profundizar en la Medicina o buscar nuevas formas de energía o aportaciones agropecuarias, o encontrar la fórmula química contra la estupidez humana, haga mejor mil experimentos (aunque sean costos a riesgo de fracasar), para ver si logra encontrar la fórmula química que forme una semilla, que germine en la tierra o en el agua, para que de esa semilla artificial del tamaño de un guisante o un huevo resulte un tipo de árbol, planta, animal, humanoide, insecto o cualquier cosa compleja viva que sea nueva especie (aunque de esta manera demuestre que no se necesita un dios). La Farmacología podría encontrar un medicamento que evite que la gente esté pensando en las Causas fundamentales de las Cosas, que filosofen y concluyan que es cosa de algo divino; es decir, un medicamento que haga a los humanos ateos, pero ateos de verdad, que ni siquiera piensen en dioses de ningún tipo. También la ciencia de la Física Cuántica, cuando sepa tanto de los átomos que forman los seres vivos y la Materia en sí, podrá inventar una máquina del tiempo que haga que algunas personas viajen al inicio del Cosmos y nos cuenten, a su vuelta, cómo se formó sin necesidad de un dios.

B) Las ciencias empíricas tienen objetos de estudio empíricos. Dios no es un objeto empírico, por lo tanto, Dios no es tema de las ciencias empíricas. Cuando las ciencias empíricas se meten en el tema de la existencia de dios, sólo harán sofismas y conjeturas cientifizoides o argumentos sentimentalistas. La única área donde sí se puede deducir la existencia de Dios es la auténtica Filosofía.

Disculpen el sarcasmo, pero no veo otra manera para ser más claro. Si usted elige la opción A, es porque no sabe cómo se ha de indagar sobre la existencia de Dios de modo auténtico, y piensa que, criticando religiones y sus ideas de dioses, con eso ya se puede enterar si existe o no. Quien eligiera la opción A, es altamente susceptible a asumir cualquier conjetura cientificista, como los múltiples cuentos del origen de la vida por generación espontánea, el cuento del evolucionismo, el cuento del Big Bang o los fracasados experimentos que intentaron crear vida. Le invito a continuar con el intento a filosofar, para ver si, tal vez, logre pensar por sí mismo y no ser un repetidor ingenuo.

Si elige la opción B, no hay más que hablar, ya que usted sabe los límites del entendimiento humano y no es un crédulo del cientificismo. Es bienvenido.

QUINTA ELECCIÓN. Elija usted:

A) El Tiempo es un fenómeno físico tan evidente como el Sol. Es porque el tiempo fluye/pasa/transcurre/va como flecha/no se detiene..., que es lo que explica cómo es que las cosas cambian y acontecen. El Tiempo inició en el origen del Cosmos y es parte de la Física. Sin el Tiempo, nada cambiaría, todo sería inmutable o no existirían las cosas tal como existen.

B) El Tiempo es un concepto puramente humano, y no una cosa física. Los humanos llamamos "Tiempo" al fenómeno de cuando los humanos MEDIMOS los cambios que observamos en muchas medidas, como los minutos, horas, años, décadas, milenios, siglos, eras, etcétera. El Tiempo es la medida del movimiento, y ¿quién mide?... Los humanos. El Tiempo es un invento humano. No existe el Tiempo en sentido físico, lo que existe físicamente es el Movimiento. El Movimiento es lo que hace posible el Cambio.

Si elige la opción A, lamento informarle que esa es una concepción del Tiempo pseudometafísica, que se ha arrastrado por muchos siglos, de herencia religiosa y luego reinterpretada por los ingenuos físicos que creen que el Tiempo es algo físico, y no se enteran de que lo entienden como algo metafísico. Piense que las cosas físicas son cosas concretas, como los elementos materiales, las energías, las ondas, las frecuencias, las radiaciones, las fuerzas... ¿Qué de estas cosas se supone es el Tiempo? No es ninguna de estas, porque todas estas cosas físicas están sujetas a la generación/destrucción, mas el imaginario Tiempo/pseudometafísico no lo estaría. Las energías, fuerzas y demás tienen fuentes de dónde emanar y hasta se pueden generar artificialmente y manipular, pero el imaginario Tiempo/pseudometafísico no tiene fuente, no es generable. Lo que fluye/pasa/transcurre son los gases, los líquidos y hasta los metales/materiales si son líquidos o si están fundidos. Lo que fluye, fluye sobre algo... ¿Sobre qué fluye el Tiempo/pseudometafísico? No fluye/pasa/transcurre..., porque no es algo físico. Luego los físicos ingenuos hasta inventaron una dualidad pseudometafísica más fantasiosa: El Espacio-Tiempo, que es lo que sustenta todo. ¿Otro tipo de dios? En fin, si usted elige esta opción, no podrá filosofar adecuadamente, pero continúe, que tal vez, a pesar de eso, logre llegar al fin esperado.

Si elige la opción B, aunque en este momento se está enterando de que había más de un modo de entender el Tiempo y a pesar de que ha quedado el concepto Movimiento de modo abstracto, definitivamente esto significa que es buen candidato a filosofar. Es normal que sigamos usando la idea de que "el tiempo pasa", pero se entiende que es más cómodo usar esta idea metafórica ordinaria que recurrir a un complejo concepto filosófico como el Movimiento. Lo importante es distinguir las dos formas de entender el Tiempo y saberlas elegir, según en qué plano discursivo estemos.

SEXTA ELECCIÓN. Elija usted:

A) Todo es Materia; absolutamente todo es Materia. No hay nada inmaterial/espiritual/alma/ánima. Las ideas de que hay algo inmaterial que anima la materia y forma individuos son cosas de la fantasía humana. Lo único que existe son los Elementos Físicos, las Energías, Las Fuerzas, las Radiaciones, Las Ondas, las Reacciones Químicas, Las Partículas; en resumen, únicamente Materia. Las ideas, la libertad, la sensación de individualidad, la vida, los sentimientos, las emociones, bien, mal, conciencia, mente, los instintos, la inteligencia..., todas esas cosas no son más que fenómenos materiales. La Vida no es más que un estado particular de la materia. Las ideas como la libertad y responsabilidad no son más que reacciones químicas y nada más. La sensación de que los seres vivos somos seres individuales es una ficción provocada por una reacción química; es decir, no hay el principio de individuación real, a menos que creamos que una piedra es un individuo independiente de otra piedra; que un grano de arena es un individuo separado de otro grano de arena. Todo son átomos y ondas en movimiento, y nada más. Por supuesto, esto es un dogma de fe, porque no se puede demostrar de modo real.

B) Hay Materia e Inmaterialidad. La inmaterialidad tiene diversos nombres, como ánima, espíritu, alma..., que son los que dan forma a la materia y lo que hace posible los seres vivos individuales con todas sus características.

Humanos, ya estamos pisando los umbrales del filosofar, es el viejo debate de materia/espíritu; materia/mente. La mayoría de los falsos filósofos nunca tomaron en cuenta este tema y muchos de ellos se dijeron ateos/agnósticos, fueron los más falsos. Si hubieran entendido este tema, ninguno habría sido ateo. Casi todos parten del hecho de que los seres vivos somos lo que somos, y eso lo asumieron sin profundizar, sin filosofar. La mayoría de los falsos filósofos no fueron más que remedos de psicólogos, de sociólogos, de antropólogos, de politólogos, de historiólogos, filólogos, literatos, fenomenólogos, analistas del lenguaje, sofistas…, pero nunca filosofaron.

Filosofar es profundizar en lo más fundamental de la existencia, buscando las causas y principios, sin dar por supuesto nada.

Adelantemos que quien diga que "todo es materia" no puede creer en Dios, quien diga que hay materia, pero también hay espíritu/alma, necesariamente sabe que hay un Dios, causa de la materia, y sabe que la relación materia/espíritu es lo que hace que la materia tome forma individual, es decir, un ser vivo.

Quien elija la opción A es propio de los que dicen que no existe un Dios (aunque sabemos que tienen su dios), pero no podrá ser coherente jamás con su postura, porque toda existencia perdería el completo sentido y ningún ser humano maduro y sano puede vivir sin ningún sentido; ni siquiera un suicida pensaría que no hay ningún sentido, porque sabe que lo hubo, pero lo perdió en algún momento. Lo más cercano a ser coherente a esta postura es ser un animal, por ejemplo, una vaca, y digo "cercano" porque lo más exacto sería un cadáver. ES

POR ESO QUE CONFIRMAMOS QUE EL ATEÍSMO NO PUEDE SER COHERENTE CONSIGO MISMO y lo único que ha hecho es piratear y degenerar las ideas de los que saben que hay un Dios. Quien elija la opción B... ¡Uf! ¡Es de los míos! No es un dogma, porque es lo que siempre ha sabido la inteligencia humana, la racionalidad o la deducción lógica. Bienvenidos al filosofar.

CAPÍTULO 7

Demostración filosófica de la existencia de Dios

Bienvenidos, oh, humanos lógicos y racionales que han llegado hasta aquí. Bienvenidos los humanos que saben que en la realidad caben muchas interpretaciones, tantas como la imaginación humana pueda dar, pero que también saben que no todas pueden ser demostrables o ciertas. Bienvenidos los humanos que saben que hay que elegir entre las distintas opciones y no quedarse titubeando o estar de mediocres. Bienvenidos los humanos que están dispuestos a renunciar a las creencias cuando los argumentos en contra son rotundos. Bienvenidos los humanos que aceptan la invitación a usar su propia racionalidad en lugar de sólo repetir lo que les enseñaron pasivamente, así sean creencias de inmensas mayorías o trasmitidas por siglos. Bienvenidos los que saben que hay temas en que solamente hay dos alternativas a elegir: o el Sol existe o no existe; o la Luz existe o no existe; o Dios existe o no existe...: no hay término medio. Hay que decidir por una opción u otra, luego tratar de ser coherente con su decisión y postura, y, al final, dejar de hacerse pendejo.

Sobre la vida
Donde estamos, en Filosofía, y no en Biología, hablaremos de lo más general: lo que hace a los seres vivos ser lo que son en lo fundamental. ¿Qué hace que los seres vivos sean lo son?

Un ser vivo es un todo, pero no es un todo homogéneo, sino un todo hecho de partes distintas. Las partes que le interesan al filósofo no son los órganos, huesos ni células, sino las más fundamentales. ¿Cuáles son? Usaremos la abstracción de los "átomos", como las partes que forman un todo vivo. Y digo "abstracciones" porque ayer, hoy y siempre sólo serán eso: abstracciones. La Materia en sí está fuera del alcance del entendimiento humano, por lo que solamente hay modelos y conjeturas imaginarias de los átomos, que serían los componentes mínimos de la materialidad. Si luego se le ocurre a la pseudociencia de la Física Teórica decir que hay componentes de los mismos átomos más pequeños, recuerden que únicamente son ocurrencias imaginarias y no olviden que solamente son nombres, y nada más. Si empleamos el concepto "átomos" es porque es un concepto propio de la filosofía y significa la parte mínima de la materialidad, y así es como se ha de entender.

Sabemos que los seres vivos, conforme se van desarrollando, van de menos a más materialidad, o sea, de menos a más átomos. Los átomos se van sumando y con ello conformando un ser vivo. Los átomos, cada que se suman, no siempre lo hacen para conformar un ser vivo, sino innumerables estados de la materialidad distintos. Los átomos que conforman los seres vivos no vienen del *topus uranus*, sino son compartidos con la misma Tierra; entonces, ¿qué hace que se distinga la suma atómica de un ser vivo de la suma de un no ser vivo? ¿Los átomos se suman por sí mismos o hay algo fuera de ellos que los suma? ¿La Vida es sólo una suma de átomos? ¿Qué distingue a un ser vivo de un cadáver en tanto su suma de átomos?

La Filosofía, siendo un producto humano y como tal, limitado en su entendimiento de modo infranqueable, necesita hacer uso de las analogías para poder darnos a entender entre humanos, y no hay más, porque nada de lo no humano se puede conocer en sí, ni la materialidad, ni Dios, ni la energía, ni las fuerzas, ni las ondas, ni las frecuencias, ni las constantes... Así sería el conocimiento directo de las cosas, conociéndolas en sí, sin embargo, no es para humanos. Es por eso que nos es inevitable valernos de analogías.

Empleamos la analogía de los inventos humanos, como las máquinas, frente a los seres vivos.

Una máquina es un todo, un todo hecho de partes. Las partes de las máquinas inventadas por humanos no se suman por sí solas, sino que el ente inteligente humano las suma y así forman el "todo máquina". La máquina se puede conocer en sí sabiendo de qué están hechas las partes y cómo se suman (arman). El conocimiento en sí de las máquinas es posible, porque son inventos humanos. El humano es el que suma los átomos/materialidades distintas para conformar máquinas, gracias a su inteligencia y sus capacidades humanas, de otra manera, los átomos por sí solos no se podrían sumar para conformar máquinas.

Toca ahora preguntarse qué es más complejo, ¿una máquina o un ser vivo? A menos que seas un idiota o total ignorante, responderás que dependerá de qué máquina estemos hablando. La respuesta es obvia, cualquier ser vivo, así sea una simple célula, es infinitamente más compleja que cualquiera de las máquinas habidas y por haber. Quien lo dude, que intente hacer desde los átomos una "simple" célula y verá que jamás podrá. Si alguien se aplica a armar una máquina hipercompleja, seguro podrá armarla, pero jamás una célula.

Esto nos lleva a señalar que los átomos no se pueden sumar por sí mismos en algo complejo. Podrán sumarse los átomos azarosamente en materialidades distintas, como el mármol, pero nunca los átomos del mármol formarán una escultura. Si los átomos no tienen el potencial de formar una escultura, que es de lo más simple, ¿cómo podrían tener el potencial de conformar seres vivos? No le demos más vueltas: los átomos no tienen el potencial de conformar seres vivos; quien crea que sí lo hace por dogma de fe o creencia en algo más fantasioso que la magia.

¿Qué entonces hace posibles a los seres vivos, si no basta su materia prima, es decir, si no tienen tal potencial los átomos?

Responderán las pseudociencias que es cosa del poder del (Padre) Tiempo, porque, según sus Montañas de Evidencias, hace millones de años se generó el primer ser vivo por obra y gracia de la Generación Espontánea, y una vez llegados los primeros y microscópicos seres vivos, de allí, reunidos todos los ingredientes, se fueron cocinando los innumerables y cada vez más peculiares seres vivos incluidos los humanos; todo, gracias a la magia de los *MillonesdeAños*. Por supuesto, esto sólo son conjeturas imaginarias, porque no hay auténtico rigor científico que lo demuestre, sino un cúmulo de ideas pirateadas de la Biología que no le corresponden. Tal vez a alguien se le ocurra que los seres vivos los traen seres de otros planetas y los plantan aquí en parejas para que se reproduzcan, y resulte que tenga mejor acogida esta conjetura alienígena al punto de echar abajo las conjeturas Transformistas. Ya vimos que el Tiempo físicamente no existe, así que estas conjeturas no merecen ser tomadas en consideración ni sirven para filosofar.

Partamos de cuando inicia la suma de átomos en dirección a un peculiar ser vivo, cuando van iniciando, cuando son semillas, huevos u óvulos fecundados. Estos pequeños entes materiales, algunos microscópicos, son formidables (no sé si más o menos que ya llegados a su plenitud). Resulta que su crecimiento depende de ir asimilando más materialidad, energías y demás cosas físicas. Es así como se van desarrollando hasta que mueren. ¿Materia + materia = + materia? ¿Las partes (atómicas) van formando el Todo? Tendría que ser así, porque el Todo aún no ha llegado, al menos no en plenitud. ¿Cómo demostrar que sumando más materia formamos todo un ser vivo? Los humanos no pueden demostrarlo, únicamente adherirse al dogma materialista.

Lo cierto es que todo ser vivo es agente pasivo de su desarrollo a ser vivo, sus átomos se van asimilando de una manera que es como si tuvieran un fin por desarrollar, porque no van a desarrollar cualquier otro ser vivo, sino el que ya está en sus mínimos atómicos. ¿Dónde está esa finalidad si hablamos de los mismos átomos que se encuentran en los entornos de lo no vivo? Por más que indaguemos en la materialidad atómica, así se inventen los más poderosos microscopios, nunca se encontrará tal finalidad a lo viviente. Sería como tratar de buscar a Dios con poderosos telescopios: nunca lo encontrarán, porque no es esa la herramienta adecuada. ¿Cuál es la herramienta adecuada entonces? Nos queda lo que está dispuesto en el intelecto humano, entre ello, la deducción lógica. Nuevamente, tenemos que recurrir a la analogía.

En los inventos humanos, el hacedor es el humano, que arma y trasforma los elementos materiales y fenómenos físicos cuando ya tiene un diseño o finalidad de su inventiva. Nuevamente, es la inteligencia humana y sus propiedades físicas lo que le permiten inventar y construir infinidad de cosas, aunque nunca un ser vivo, porque está fuera del alcance de su limitado entendimiento. Los átomos no tienen inteligencia, ni hay de dónde sacarle potencial para armar seres vivos por sus solas propiedades. Los átomos no tienen potencial para sumarse en seres individuales, tampoco hay potencial si les sumas los demás fenómenos físicos como las energías, las fuerzas, las radiaciones y demás. Hubo quienes hicieron una lista de todos los elementos materiales que forman un ser humano, de esos que encontramos en la llamada Tabla Periódica de los Elementos. No hay manera de que la inteligencia humana, que se supone es inmensamente más superior a los átomos, logre formar con ellos algo vivo siquiera, a partir de esos elementos.

Cabe acentuar que la suma de átomos con fin a un ser vivo es una suma infinitamente ordenada, porque infinitamente complejo es un ser vivo, y no solamente para dar la forma de un ser vivo, que resultaría un cadáver, sino despertar también la cosa "Vida". ¿Qué es la Vida? ¿Es sólo un estado más de la materia? Las clasificaciones de los estados de la materia son demasiado simplistas: sólido, líquido, gaseoso, plasmático, condensado... y lo que se les vaya ocurriendo, pero, si únicamente hubiera Materia, la Vida sería otro tipo de estado de la materia. El Ateísmo, que dizque muy científico, no es coherente consigo mismo, sino que se ajusta o piratea las ideas de herencia religiosa, pues no se le ocurre decir esto: se puede describir el comportamiento de las moléculas de los distintos estados de la materia, pero no cómo es que se comportan las moléculas del imaginario estado de la materia Vida. Luego entonces, está fuera de las ciencias empíricas la cosa "Vida en sí".

Si buscamos una definición de Vida en los diccionarios, veremos que son muy chafas y simplonas.

Por ejemplo, tenemos la definición de Vida del *DLE*: "Fuerza o actividad esencial mediante la que obra el ser que la posee".

Esta definición presume cierta apariencia filosófica, pero sólo es eso, apariencia. Analicémosla:

"Fuerza o actividad...". ¿A cuál de las fuerzas físicas se refiere? A ninguna, únicamente es una descripción de algo ya vivo que está en actividad. Debería describir una actividad material, pero no lo hace o, mejor dicho, no puede.

"... mediante la que obra el ser que la posee...". ¿De qué "ser" están hablando? ¿De qué tipo de obra? ¿Es un ser material? ¿Es una obra de la materia? En realidad, resulta ser una definición sofista y tautológica: vida = ser que obra. Así se resumiría.

Es una definición que aparenta ser filosófica, pero notamos que no es clara, ni precisa, ni filosófica, ni química, ni física, solamente es una definición tautológica que no aporta nada, porque describe cosas que todo mundo da por sabido. Una buena definición de conceptos como este tendría que ser esencial, o sea, de la esencia de la cosa "Vida". ¿Es de esencia física o material? Una buena definición tendría que especificar eso, si lo es o no. Definir "Vida" tendría que ser cosa filosófica, porque si se lo dejamos a los químicos dirán cosas como:

"Desde un punto de vista bioquímico, la vida puede definirse como un estado o carácter especial de la materia alcanzado por estructuras moleculares específicas, con capacidad para desarrollarse, mantenerse en un ambiente, reconocer y responder a estímulos y reproducirse, permitiendo la continuidad" (Wikipedia).

Esta idea inicia con una tautología, pues dice que va por el punto de vista de la Bio-química, no se atreve a decir que es un punto de vista de la Química, sino de la *bio*, que significa 'Vida'; es decir, pretende definir vida con *bios*, que es como decir que vida es vida. Luego, Forzadamente quiere meter la Química para definir la Vida, pero fracasa. Dice que es un estado o carácter "especial" de la materia... Quienes hicieron esa definición empezaron bien en su intento de meterse a conceptos químicos como "estado de la materia", pero añadieron eso de "especial", y lo jodieron, porque "especial" es una valoración moral. La Química no tiene por qué meterse en temas de la moral. La Química no tiene por qué juzgar qué es especial y qué no, porque o todo es especial o nada lo es, a menos que se meta en juicios morales. Es un concepto moral eso de "especial", porque son juicios propios de humanos. Ningún animal discrimina en términos de si algo es especial o no, sólo los humanos.

Continúan los conceptos forzados de la química:

"... alcanzado por estructuras moleculares específicas...".

¿Dónde rayos la Química ha descrito las estructuras moleculares de la Vida? ¿Dónde o cuándo lo especificaron? Algunos dicen que se refiere a los llamados "ácidos nucleicos" ADN/ ARN, que imaginan que son lo que explica todo el fenómeno de los seres vivos. ¿En serio creen que la esencia de la vida es un "ácido"? ¿Este ácido deja de existir cuando aparece la muerte?: no; entonces no es la esencia de la Vida. ADN/ARN son análogos a las huellas digitales, que no tienen que ver con la Vida en sí, sino en peculiaridades que comparten los seres vivos o sus restos.

Continúa la mala definición de vida:

"... con capacidad para desarrollarse, mantenerse en un ambiente, reconocer y responder a estímulos y reproducirse permitiendo la continuidad".

Ahora, esta definición de vida hace una lista de lo que todos sabemos que caracteriza un ser vivo: que se alimenta, que respira, que se reproduce, que tiene sentidos, que tiene instintos, que tiene células, que se comunica con el ambiente..., bla, bla, bla. Esto es como definir el Sol diciendo que es el astro que da luz y calor al planeta; lo que lo hace un remedo de definición innecesaria, digna de alguien que jamás ha visto el Sol. Bastaría con señalar con el dedo índice y decir "Eso es el Sol"; no necesitamos definición, no necesitamos una definición descriptiva de "ser vivo", sino de "Vida".

La Química no está para definir el concepto de Vida, pues dirá basura como la que analizamos. No hay manera de que descubra la fórmula química de la vida, y como no lo pueden hacer, entonces está incapacitada para demostrar que la Vida es un estado de la materialidad. Tampoco la Biología está para definir lo que es en sí la Vida. La Biología estudia el fenómeno de los seres vivos, no la Vida en sí. ¿Qué entonces puede dar una buena definición de Vida? Respuesta: la Filosofía (la auténtica). También encontramos buenas definiciones de "Vida" en los mitos cosmogónicos que, aunque metafóricas y antropomórficas, son muy superiores a estas definiciones chafas cientificistas.

Así pues, por más que se indague en el estudio de la Materia y los fenómenos físicos, no hay manera de entender lo que es la Vida en sí, porque no bastan los elementos materiales para que la Vida sea posible. La falsa ciencia de la física teórica, que gusta de echar a volar su imaginación y sus supuestos por delante, trata de pasar por conocimiento científico, anda sacando cálculos matemáticos para saber cuántos planetas tienen condiciones similares a las de nuestro mundo, y si tienen agua y oxígeno, suponen que con eso es seguro que hay seres vivos. Es una herencia del Cuento Evolutivo que se ha divulgado como una "ley cósmica": la Ley de la Evolución, que parte del dogma de la Generación Espontánea, donde si hay las condiciones materiales y físicas, entonces la Vida se va a generar espontáneamente en algún momento. Estos individuos no se enteran de que, así tengas todas las condiciones físicas y materiales, nunca se van a generar espontáneamente seres vivos; si así fuera, por todos lados veríamos cómo surgen espontáneamente millones de nuevos seres vivos, porque las condiciones terrestres son muy favorables, según sus supuestos. Estos sujetos, copiando de las religiones que hubo un solo origen de la Vida, lo dieron por hecho y dan por supuesto que sólo se necesita un solo origen de la Vida.

¿Es tan difícil entender que, si la hipótesis evolucionista dice que si hay las condiciones físicas y materiales adecuadas y entonces la vida puede generarse espontáneamente, por ende no cabría un solo origen de la Vida, sino innumerables orígenes de la vida, sin conexión de unos con otros? Son tan patéticos que lo dan por hecho en otros planetas que tengan condiciones como el nuestro, pero ya creen que no sucede en el nuestro. Excusas y zafes no les faltarán, al fin, sus conjeturas son imaginarias, las resuelven con más imaginación y tienen el descaro de divulgarlas como "teorías científicas". Lo peor es que, en lugar de dejar sus conjeturas dentro de sus academias, las ponen hasta en los libros de texto para adoctrinar desde la infancia en las escuelas. Más adelante profundizaremos en lo que llamo la Charlatanería Evolucionista.

Por lo pronto, confirmemos que partir del falso axioma de SI HAY LAS CONDICIONES FÍSICAS Y MATE-RIALES, LA GENERACIÓN ESPONTÁNEA DE LA VIDA ES POSIBLE es, en realidad, un dogma cientificista. Este dogma cientificista es peor que creer en la magia, porque en la magia está de por medio un mago, que atrae la magia nadie sabe de dónde, pero lo hace. En cambio, la Generación Espontánea supone cosas como que, con explosiones, con radiaciones intensas, con erupciones, con rayos eléctricos…, en fin, todo es posible. Su imaginación lo lleva a creer que se necesitan eventos físicos catastróficos para que se active la Generación Espontánea de la Vida. Esto es como suponer que, con una explosión, resultará un jardín perfectamente cuidado. Ah, pero son astutos los que siguen este dogma y se zafan dándole el crédito al Todopoderoso Padre Tiempo. Por supuesto, eso no es cosa de ciencias, sino de la imaginación y necedad cientificista.

Si la vida no se da por Generación Espontánea, entonces, ¿cómo? ¿Qué opciones hay? ¿Seres de otros planetas vinieron o vienen a dejar sus especies al planeta? Si así fuera, sólo transpolamos el problema, porque cabría preguntarse: ¿y estos extraterrestres de dónde salieron? Pero esto únicamente es una conjetura imaginaria indemostrable, mejor la ignoramos. ¿Hay otra opción? Bueno, si no hay generación ESPONTÁNEA de la Vida, ¿qué es lo opuesto de espontáneo?

En Filosofía debemos evitar el antropomorfismo de que el origen de la Vida fue algo "voluntario", "planeado", "diseñado", "construido", "deliberado", etcétera, necesitamos un término opuesto a la corriente cientificista, materialista, generacionespontanista... Vamos a introducir un concepto conocido, que es filosófico, pero ignorado por los supuestos filósofos a través de la historia: LA VIDA ES UN PRODIGIO, y los prodigios son cosas propias de la Deidad. Ya tenemos nuestros contrincantes:

Generación Espontánea vs. La Vida es un Prodigio.

Ciertamente, yo le he dado una nueva interpretación a las conjeturas de la Generación Espontánea, porque nadie la ha planteado como yo. Fue a antiguos griegos a quienes, viendo que animales e insectos aparecían desde elementos no vivos, les pareció que estos se generaban espontáneamente; sin embargo, no eran tan ingenuos, pues creían que había una causa trascendente para explicar este fenómeno. Luego, en siglos posteriores, algunos tomaban la Generación Espontánea como un hecho, pero fue hasta que, mediante experimentos, se demostró que los seres vivos provienen de otros seres vivos, y no espontáneamente a partir de materia inerte, entonces "científicamente" se desechó la idea de la Generación Espontánea: la pensaron obsoleta y la olvidaron. Pero aquí estamos para resucitarla, aunque luego le matemos.

El Cuento Evolutivo, versión de los falsos ateos o cientificistas (no versión evolucionista religiosa), supone, con mucha fe, que la Vida se originó hace millones de años por las solas propiedades de la materialidad y fenómenos físicos; es decir, la Vida se generó de lo no vivo. ¿Te recuerda algo? Efectivamente, a la creencia de que organismos vivos se generaban de lo no vivo de modo literal, así que lo tomaron como verdad absoluta, sin que interviniera nada trascendental. Por lo tanto, las conjeturas del Origen de la Vida cientificistas o materialistas son una nueva versión, revisada y empeorada por los evolucionistas, de la Generación Espontánea, pero hasta ahora se habían enterado.

Ahora bien, como estamos filosofando, hay que decir que los propugnadores de la Generación Espontánea dan por hecho la existencia de la Materialidad o los fenómenos físicos, como si no fuera importante o necesario preguntarse:

¿Cómo es posible que la Materia/Lo Físico sea como es? Los humanos tenemos disponible algo que se llama "el asombro", cosa propia de humanos, ningún animal posee esta capacidad. El Asombro es la puerta que nos puede abrir el entendimiento hacia más allá de lo aparente y profundizar las causas fundamentales. La actitud del actuar humano ordinario es dejar de asombrarse cuando lo que se ve se vuelve frecuente. Si empezaran a nacer seres humanos con alas, eso les asombraría a todos los humanos no alados, y pasarían algunas generaciones con el asombro, pero, con el tiempo, ver humanos alados sería tan ordinario que dejaríamos de asombrarnos. Si un tipo de planta, en lugar de crecer lentamente, como alguna que dure meses en florecer o dar fruto, lo hiciera en cinco minutos, eso nos asombraría demasiado, pero dejará de asombrarnos cuando se vuelva ordinario. Así somos los humanos: El asombro también es una cosa que se cultiva, semejante a la apreciación estética, que se agudiza mientras más se conoce algo. Entre más profundo sea el conocimiento, mayor puede ser el asombro.

Es así como los humanos estamos tan ordinariamente acostumbrados a la Materialidad que difícilmente nos asombra, pero merece nuestro asombro constante. Analógicamente, así como nos pueden asombrar unos extraordinarios materiales de construcción/fabricación inventados por los humanos, con los que se puede construir/fabricar una casa o una máquina, de manera superlativa deberíamos asombrarnos por los materiales que están formados los seres vivos, y más por la cosa Vida. No nos asombra que haya arena, pero sí que un humano haga un magnífico castillo de arena. ¿Y asombraría que, sin que interviniera un ser humano, apareciera en la playa tal castillo fantástico de arena por las solas fuerzas del viento?: sin duda nos asombraría. Entonces, ¿por qué no asombrarnos que haya seres vivos gracias a las propiedades de la materialidad, cuando son infinitamente más complejos? No nos asombra porque es ordinario, pero eso no significa que, con un conocimiento más profundo, nos llegue a asombrar o merezca nuestro asombro. Si ver el macrocosmos es asombroso para nosotros, el microcosmos está al mismo nivel de merecimiento de nuestro asombro.

Ahora bien, continuando con las necesarias analogías: ¿los átomos/lo físico son constructores o son solamente ladrillos? Por supuesto, según lo dicho, serían ladrillos asombrosos, pero no constructores de seres vivos. Si alguien cree con fe dogmática que los átomos/lo físico son constructores de seres vivos, le pregunto: estos constructores atómicos, ¿pueden construir humaniodes con patas de araña y con cola venenosa? Le concedo, hipotéticamente, los superpoderes de los *Millonesdeaños*. Aun así, ¿podrá? Si dice que sí, ¿puede demostrarlo?: no puede demostrarlo, por supuesto. Curiosamente, a este ser imaginario *humanoarañaalacrán*, les aseguro que le ve más posibilidad a que si le dijera que con las solas fuerzas físicas y atómicas (sin intervención humana) se generaría una escultura de mármol de diez metros de altura con forma de don Quijote de la Mancha, finamente detallada. Concediendo, hipotéticamente también, los superpoderes imaginarios de los *Millonesdeaños*, ¿verdad que ven cero por ciento de posibilidad, a pesar de que tal escultura es infinitamente menos compleja que un ser vivo y sin importar cuántos millones de años le sumen? Así de brutos somos los humanos. A los imaginarios átomos constructores les sería más sencillo formar la tal escultura de don Quijote que una sola célula, pero a la fe dogmática cientificista le puede más su necedad y torpeza que aceptar lo evidente. Prefieren creer los falsos ateos y cientificistas que es más fácil que los átomos constructores formen humanos que hagan esculturas.

Viene a propósito el axioma de EL EFECTO ES PROPORCIONAL A SU CAUSA. La escultura de don Quijote (efecto) es proporcional al escultor (causa). Resulta que la causa Física o Material no es proporcional al efecto escultura de don Quijote. Sin embargo, creen con fe dogmática los cientificistas que los seres vivos sí son proporcionales a la causa Física o Material, cuando son infinitamente más complejos. La Materia no puede generar ni un martillo, así pasen millones de años, pero sí puede generar un hacedor de martillos si pasan millones de años. Pero ya vimos que El Tiempo no es algo físico, así que no pueden echarlo por delante para demostrar cómo son posibles los seres vivos, por las solas propiedades materiales y físicas. Si quitamos al Cocinero Tiempo, de apellido *Millonesdeaños*, y sus Todopoderosos átomos Creadores, los cientificistas quedan desarmados.

Hay que entender de una vez por todas que, por más que estén disponibles los materiales, no se va a construir nada, a menos que haya algo superior que los con-forme. Por más que haya arena, hierro, cristal, agua, rocas..., nunca se va a construir un departamento, a menos que haya un constructor que las use con ese fin y lo construya. Analógicamente, por más que imaginen que ha de haber planetas con agua y condiciones físicas semejantes a la Tierra, la vida es imposible, a menos que haya algo superior y proporcional a los seres vivos que no sea la materialidad. Si lo Físico/material fuera proporcional a los seres vivos, en todo momento se estarían generando espontáneamente innumerables nuevos seres vivos o especies, sin conexión con las conocidas, porque las condiciones terrestres son muy favorables para que se dé esa espontaneidad y no hay de dónde sacar memoria o recetas para saber cómo con-formar/cocinar seres vivos. Si lo Físico/Material no tiene memoria,

¿cómo entonces es posible la Vida por esa causa? Simplemente, no es posible.

Tampoco hay que dar por supuesta la existencia de la Materialidad o lo Físico, ya que su existencia también está al mismo nivel de prodigio que lo vivo. Así como hay fabulosos materiales de construcción inventados por los humanos y que no existirían si no fuera por sus inventores humanos; analógicamente, también los materiales de lo que están hechos los seres vivos son infinitamente fabulosos y no se puede encontrar en ellos su razón de existencia. Si se cree que la Materia/lo Físico es eterno, se cree por fe dogmática sin posibilidad absoluta de demostración. Si se cree que la Materia/Lo Físico es lo que creó el Cosmos y la Vida, se cree por fe dogmática, sin posibilidad absoluta de demostración. Si se cree con fe dogmática que la Materia/lo Físico se generó de nada, y de nada se generó todo, incluidos los seres vivos, eso no tiene posibilidad absoluta de demostración. Si no se opta por dogmas de fe absurdos como los cientificistas, queda entonces adherirnos a lo que la más sana y madura inteligencia exige: el efecto Seres Vivos exige una causa proporcional a ellos y no es la Materia/Lo Físico.

Hay otra novedad, algo que nunca se ha dicho: ni la Materia/lo Físico, ni ningún ser vivo es posible EN NINGÚN INSTANTE, racionalmente hablando. La creencia por siglos y siglos de que, una vez llegados los seres vivos, ya son cosa ordinaria y necesaria que existan, no es cosa racionalmente posible. SI EXISTIMOS ES POR PRODIGIO, PORQUE EN NINGÚN MOMENTO SOMOS POSIBLES NI NECESARIOS.

Para que se entienda y tratando de superar eso de que "porque algo ya es ordinario, deja de ser asombroso", vamos a dar un ejemplo de algo que sí nos pueda sorprender: imaginemos un tipo de árbol, de tronco y ramas trasparentes, de consistencia semejante a cristal líquido. Tal imaginario árbol da frutos de diversos tipos y de cosas para nosotros desconocidas, y siempre innova frutos; estos no se producen en meses, sino en minutos. Es un tipo de árbol único, no se reproduce, no necesita raíces, ni agua. Ahora bien, resulta que este ser tiene un solo testigo y jura que le ha visto y probado sus deliciosos frutos, pero, de repente, desapareció. ¿Quién le va a creer que eso fue verdad y no lo soñó o deliró? ¡Nadie! Le dirán que es imposible tal organismo, porque no hay ninguna cosa que se le asemeje o justifique.

Los humanos, debido a nuestro limitado entendimiento, creemos que las cosas que suceden ordinariamente son posibles y las que no suceden ordinariamente son increíbles, sobre todo si no suceden según nuestras observaciones ordinarias físicas. Pero esta idea muy humana, no es un axioma, sino una inercia automática, hecha supuesto. Me intentarán objetar diciendo que tal ejemplo no se justifica, porque es demasiado fantástico, pero, aunque les ponga de ejemplo un árbol ordinario, pero que sea *tutti frutti*, o sea, multifrutal, su única peculiaridad, lo cual no tendría por qué ser imposible dentro de la imaginación materialista, igualmente podemos concluir lo mismo: los humanos damos por hecho lo ordinario sólo porque es ordinario a nuestro limitado entendimiento, que fácilmente pierde el asombro; aunque en sentido estrictamente filosófico, tal asombro debería ser permanente y hasta en la más pequeña cosa de la Creación.

Lo cierto es que material o físicamente los seres vivos no somos posibles, porque por más que se sume materia, resultará más materia y nunca un ser vivo. El que diga que sí son posibles los seres vivos por las solas propiedades materiales o físicas ¡QUE LO DEMUESTRE REPRODUCIENDO SERES VIVOS a partir de la materia bruta! sin quedarse sólo en conjeturas o explicaciones cientificistas o cuentos fantásticos como el Evolucionismo. Se trata de jugar a la Alquimia, en tratar de convertir el plomo en oro y carbono y agua en seres vivos. Sería encontrar la fórmula química de los seres vivos. Como nadie puede ni podrá jamás lograr eso, entonces nuestro imaginario árbol trasparente, multifrutal e instantáneo, es tan imposible como cualquier cosa viva conocida, material o físicamente hablando.

Si la Materia/lo Físico no es proporcional como causa de los seres vivos, entonces exige una causa No Material que les sea proporcional a los seres vivos y a la misma Materia/lo Físico. A ESA CAUSA PROPORCIONAL NO MATERIAL A LOS SERES VIVOS ES A LO QUE LOS HUMANOS LLAMAMOS DIOS.

En conclusión: LA VIDA, INCLUSO LO FÍSICO MISMO, ES UN PRODIGIO, y los prodigios son cosa de la Deidad.

Y hemos concluido y demostrado que la Vida es un prodigio sin necesidad de meternos en teologías, simplemente por deducción lógica. Los humanos siempre han sabido que la vida y el Cosmos es obra de la divinidad y es un conocimiento que perdurará mientras haya humanos. Saber que Dios existe no es una ignorancia humana, sino, por lo contrario, un avance del entendimiento humano y una verdad absoluta necesaria para los humanos.

En síntesis:

El Tiempo no existe físicamente, así que la ecuación
"Materia + Tiempo = Seres vivos" es falsa
Ni la materialidad ni los seres vivos tienen su razón de
existencia por sí mismos
La Causa Material/Física NO es proporcional al efecto
Seres Vivos
Se requiere una Causa Inmaterial proporcional a los seres
vivos y a la misma Materialidad
A esa Causa Inmaterial proporcional a los seres vivos y a
la Materialidad la llamamos Dios
Por lo tanto, la Vida y la Materia son un prodigio, y los
prodigios son propios de la Deidad
Por lo tanto, Dios existe

Sobre el cosmos

Entiendo y entendamos por Cosmos a todo el contenido físico, ordenado y sincrónico donde habita todo lo contingente. Lo contingente es lo que puede o no suceder y está sujeto a generación y aniquilación. Lo contingente es lo opuesto a lo Necesario (así, con mayúscula). Lo Necesario es lo que existe, sin haber sido generado ni puede ser aniquilado, y es Necesario para que exista lo que sí puede ser generado, o sea, los entes contingentes.

Los Materialistas dirán dogmáticamente que la Materia es la cosa Necesaria, pero esto va en contra de las observaciones humanas, donde continuamente la materialidad se ve sometida a generación y aniquilación. Ya hablamos de que "la Materia no se crea ni se destruye, sólo se transforma" no es una afirmación filosófica u ontológica, sino una ocurrencia a partir de observaciones inmediatas, como las reacciones químicas, y no pasa de esa inmediatez, por lo que no viene a nuestro análisis tal falso axioma.

Ahora bien, en el Cosmos hay evidentemente un orden y una sincronía, dentro de cierto azar, pero nunca un caos. Si todo fuera caos, nada podría ser posible.

Dicen algunos idiotas que, si existiera un dios, no podría haber ningún tipo de catástrofe o (relativo) desorden, ni tampoco tanto espacio vacío o desperdiciado. Puse "relativo" entre paréntesis porque si el desorden fuera absoluto, hablaríamos de caos, en el cual nada sería posible. Hay un orden y es asombroso; hay cierto azar, pero tiene un sentido. Analógicamente hablando, es más compleja una máquina de juego de azar que esté truqueada que una que no tenga truco. El Azar cósmico es parte del Orden que hace posible todo ente. El Sol no tiene movimientos perfectos o exactamente sincronizados, pero es gracias a ese cierto nivel de discontinuidad que hace posible los cambios climáticos necesarios a los seres vivos.

Si les brincó eso de que el Sol se mueve, vamos a abrir un paréntesis para tumbar otro ídolo: el Heliocentrismo, que es un modelo propuesto por antiguos griegos y luego retomado en el siglo XVI cuando la llevaron a verdad absoluta y cosa científica.

Abrimos el paréntesis

Ídolo 5. El Heliocentrismo es dudable

Desde niños nos adoctrinaron con que el Heliocentrismo es una verdad absoluta, un hecho "científico" del que no cabe la menor duda. Nos adoctrinaron con que es verdad absoluta que la Tierra es la que se mueve alrededor del Sol y no el Sol en torno a la Tierra. Aunque la idea heliocéntrica la plantearon antiguos griegos, no obstante, fue hasta el siglo XVI cuando se planteó como un modelo "matemático y científico", digno de hacerle frente al modelo geocéntrico. Sin descartar absolutamente el modelo heliocéntrico, porque tampoco hay manera de demostrar absolutamente aún el geocentrismo, no obstante, señalaré las serias dudas a la validez del heliocentrismo.

Es válido que seamos críticos a algo que ni siquiera es obvio o constatable por nosotros mismos y porque, además, va contra todas nuestras observaciones y vida práctica. En la práctica, los humanos sólo podemos percibir que el Sol y la Luna son los que se mueven, no la Tierra; nadie puede percibir que la Tierra se mueve o sentir que está de cabeza o experimentar mareo o vértigo por la velocidad a la que dicen gira la Tierra. En nuestro lenguaje, siempre está presente que el Sol es el que se mueve; por ejemplo, nadie dice que "está esperando que la Tierra gire lo suficiente para que se vea el Sol", sino cosas como "salió el Sol", "ya que se meta el Sol", etcétera. Esto es lo natural en los humanos y es lo que coincide con las regularidades físicas, porque no hay una regularidad física conocida y demostrable que mantenga algo en una órbita regular o girando a velocidad constante y por millones de años, según nos cuentan. Si las regularidades físicas conocidas pudieran provocar tales fenómenos, sin problema se podrían reproducir en pequeño o en laboratorio.

Los propugnadores de esta teoría todo lo construyen dentro de conjeturas indemostradas y cálculos matemáticos que parten de falsos datos, porque sus modelos exigen fuerzas físicas fuera de las que ocurren en la Tierra; pero allá, ¡uf!, se lucen con fantásticas ideas como: "la curvatura del espacio-tiempo", "las teorías de las cuerdas", "los multiversos", "los agujeros de gusano", "los viajes en el tiempo", "la atracción e impulso incansable para hacer girar, en su eje y en órbitas ordenadas, infinitos cuerpos celestes", y todo, gracias de la multifuncional Gravedad; que bien puede ser tratada como una semidiosa, porque la Gravedad es la que hace posible el Cosmos, desde lo micro hasta lo macro, y muchas ocurrencias habidas y por haber... Pero ¡ninguna, reproducible!, al menos, a nivel micro y real. Entonces, todo esto no es demostrable en sentido real, solamente se trata de fantásticas conjeturas cientificistas.

El Heliocentrismo únicamente se cree por fe o doctrina, PORQUE UNA PERSONA ORDINARIA NO TIENE MANERA DE CONSTATARLO. Es un acto de fe a los dichos de unos supuestos "científicos". Nos han hecho creer que hay muchos cálculos matemáticos que apuntalan dicho modelo, pero también los hay con la conjetura Bigbangnista y es sólo un cuento ficticio. Tampoco bastan unas observaciones que han hecho con telescopios, porque bien pueden ser erradas, por partir de falsas interpretaciones. La única observación válida y suficiente sería ver la Tierra muy a lo lejos, suficientemente para ver su forma y movimiento, y en referencia al Sol; eso sí sería una observación verídica, pero, hasta ahora, no veo que sus viajes espaciales sean reales ni sus imágenes o supuestas fotos del "Globo Terrestre".

Cabe también dudar de esas imágenes que nos ofrecen que han visto desde los artefactos que dicen que vuelan más allá de la Luna, porque esas bien se pueden montar con trucos de diseño artificial. Cabe dudar de esos viajes al espacio y la supuesta llegada a la Luna. Porque nos quieren hacer creer que con tecnologías que requieren una atmósfera terrestre para funcionar, como la propulsión a chorro, que requiere oxígeno e ignición, turbinas y cosas similares, pueden funcionar igual o mejor en un espacio en el que se supone que no hay atmósfera en la cual montarse y navegar. Si a los peces les quitas la atmósfera acuática, no podrán nadar; si a las aves y los inventos voladores humanos les quitas la atmósfera aérea, no podrán volar o planear. ¡Es así de simple!

Para que los humanos inventaran aparatos que montaran el aire y navegaran por él, se requirieron miles de fracasos y repetidos ensayos y errores. Ahora resulta que a la primera llegaron a la luna, en una atmósfera desconocida o inexistente, y hasta alunizaron, y despegaron de la Luna y regresaron a la Tierra, ya sin la máquina con la que se fueron, sino en una minicápsula sin combustible, parecida a la que tenían *Los Supersónicos*. En fin, se necesita poco sentido crítico, ingenuidad, muchas ganas de creer, tener fe en lo que nos cuentan y algo de fanatismo para creer en ello, aunque ciertamente son muchos los que defienden esa simulación y acusan a los escépticos de esta supuesta ciencia como ignorantes o locos.

Es una época interesante, porque lo que antes sonaba a herejía como el Heliocentrismo frente al Geocentrismo, ahora que ya se dio por verdad absoluta. En una época en que dicen que no hay verdades absolutas, resulta que suena a herejía el Geocentrismo frente al Heliocentrismo. Los que defienden una Tierra Plana son tomados por locos ignorantes, como herejes, mientras que los Globófilos tienen listas sus antorchas para quemar vivos (dicho metafóricamente) a aquellos con su bombardeo de doctrinas que aprendieron desde niños para gritarles: "¡Herejes! ¡Herejes!".

Cerramos el paréntesis.

Así como atómicamente no es posible la Vida por sus solas propiedades, del mismo modo la materialidad y las regularidades físicas no son suficientes para que el Cosmos exista. En ningún momento el caos puede producir orden. Caos produce caos, así le inventen los miles de millones de años que se les ocurra. No olvidemos que el Tiempo en Física no existe, por lo que no nos dejemos impresionar por los mágicos *Millonesdeaños*. Si sabemos distinguir Azar de Caos, entonces ya podemos entender que es posible que haya cierto nivel de Azar en movimiento de los cuerpos en el espacio, pero eso es parte del orden que hace posible todo. Los humanos tenemos entendimiento limitado, por lo que no somos la autoridad para decir cómo debe ser el orden, ni de los seres vivos ni del Cosmos. Lo que a los humanos puede parecer un caos termina siendo un tipo de orden que tiene un sentido. Los juegos de azar son ordenados y fabricados con inteligencia humana; de manera analógica, pero al infinito; lo que parece azar cósmico es, en realidad, un tipo de orden.

Los humanos también nos asombramos de las formas y movimientos de los cuerpos celestes, cuando la capacidad intelectual es suficiente. Nuevamente, el asombro es la puerta que nos abre la posibilidad de ir más allá de lo aparente. Ningún animal tiene la capacidad de asombro, únicamente los humanos la poseen, aunque no cualquiera la desarrolla a buen nivel. Ante la contemplación de los cuerpos celestes, caben las preguntas: ¿son eternos?, ¿siempre han estado allí? Si no son eternos, ¿cuándo se generaron o crearon? ¿Qué mantiene su orden? ¿Qué hay más allá de lo observable?

Cómo y cuándo se originó la materialidad cósmica está fuera del entendimiento humano. Los humanos podrán proponer mitos cosmogónicos, que no son cosas para lectura literal o histórica, sino simbólica, que, por una parte, anuncian el origen divino y, por otro lado, lo que eso significa para los humanos, es decir, lo que da sentido a la vida humana.

También hubo y habrá humanos pretenciosos que creen que su entendimiento humano es ilimitado en potencia y creen que podrán saber algún día cómo y cuándo se conformó el Cosmos, de modo supuestamente real o histórico. No se han enterado de que no van a pasar de cuentos imaginarios y suposiciones cientifizoides. No hay ciencia empírica que pueda demostrar de modo real y absoluto cómo y cuándo se generó el Cosmos. Para que se pueda saber con certeza absoluta y demostrativa cómo y cuándo se generó el Cosmos, o bien reproducen el evento, aunque sea de modo micro, o retroceden al pasado para verlo directamente. Ambos escenarios son imposibles, por supuesto, de modo que lo único que divulgan son conjeturas, así le pongan títulos rimbombantes como "Explicación científica" o "Teoría científica". Tampoco se enteran de que Explicar se puede hacer hasta con mentiras y conjeturas imaginarias. La realidad se puede explicar de mil formas: con cuentos, con mitos, con mentiras, con poesía, con opiniones o adivinaciones personales, con conjeturas imaginarias como las supuestas explicaciones (dizque científicas) de los Orígenes de la Vida y del Cosmos; otra cosa es demostrar. EXPLICAR NO ES DEMOSTRAR, Y LAS CIENCIAS DEBEN SER DEMOSTRATIVAS, NO EXPLICATIVAS. LAS CIENCIAS DEBEN SER DEMOSTRATIVAS, NO TEORIZATIVAS. Una vez que algo se ha demostrado, deja de ser una simple explicación o teoría, y pasa a ser una realidad, una certeza, una verdad absoluta.

Los idiotas que dicen que no hay verdades absolutas, pero andan de alharacas divulgando, con singular alegría, sus conjeturas, para que los ingenuos se las crean, curiosamente esperan que se las tomen como verdades de hechos, como verdades absolutas. Los falsos científicos ni siquiera tienen la honestidad de aclarar que lo que divulgan es sólo una posibilidad que les sale de la imaginación y con cálculos matemáticos basados en datos supuestos, que bien pueden estar equivocados. Si los falsos científicos en algún momento fueran honestos, guardarían sus conjeturas en sus cuadernos de trabajo, sin divulgarlas, hasta que pudieran demostrarlas: ¡DEBERÍAN CALLARSE!

Los que dicen que no hay verdades absolutas deberían ser coherentes y no pensar que su axioma de "No hay verdades absolutas" es una verdad absoluta. El que es coherente con el supuesto de que no hay verdades absolutas se mantendría callado, porque no hay manera de comunicarse con los demás sin hablar de las cosas como si fueran verdades absolutas. Si el que dice que no hay verdades absolutas y duda hasta de la existencia del Sol y de su propia existencia, pues que se quede en casa o que no hable con nadie, porque si se comunica o relaciona con los demás, por ese solo hecho, ya es incoherente con su posición agnóstica.

Ante el hecho de que los humanos tenemos límites infranqueables en nuestro entendimiento, y de que el cómo y cuándo se generó o creó el Cosmos está fuera de los límites cognitivos, queda solamente saber si tiene Causa Material/Física o es de Causa Divina. Es hora de elegir. Lo que se elija, hay que asumirlo como "verdad absoluta", porque la verdad es cosa humana, no de cosas que traen los dioses. Entérense que hay verdades absolutas asumidas por dogma de fe, pero también hay verdades absolutas por evidencia que se adapta perfectamente al intelecto humano.

La existencia del Sol es verdad absoluta, porque su evidencia se presenta al intelecto humano y sus sentidos, con tanta claridad, que no necesita creerse por dogma de fe. Pero solamente estamos hablando de la EXISTENCIA, no de otras cosas respecto al Sol. Si alguien dice otras cosas que no sea su simple existencia, sino como que el Sol siempre ha existido o que está hecho de X materiales; que se generó después de una gran explosión; que salió de nada..., o similares, todo eso sólo se puede creer por dogma de fe, porque está fuera de las ciencias reales. La sola existencia del Sol es conocimiento que se adapta perfecto al entendimiento humano, pero las demás conjeturas que suponen mayor conocimiento del Sol en sí únicamente son eso: conjeturas imaginarias creídas por dogma de fe. NO SE CONFUNDA EL CONOCIMIENTO EN SÍ CON EL CONOCIMIENTO DE LA SIMPLE EXISTENCIA. El conocimiento en sí del Sol no es para humanos, pero sí es para humanos saber que es verdad absoluta su existencia.

Así pasa con el total del Cosmos: nos consta que existe, pero hay que reafirmar que no es para humanos saber el Cómo y el Cuándo se generó o creó, de modo científico; basta saber su existencia, y su existencia manifiesta el orden que le subyace. El Cosmos no puede venir del Caos, porque el Caos es la negación ABSOLUTA del orden. No cabe esperar eventos caóticos que por casualidad produzcan orden en ningún momento. Ante el Caos, unas horas o miles de millones de años, no hacen diferencia, así que eso de poner por delante la magia de los *Millonesdeaños* son únicamente artimañas sofistas para manipular las conciencias. Por más que le añadan millones de años, jamás aparecerá del caos ni, por casualidad, la escultura de don Quijote suspendida en el espacio. Con imposibilidad multiplicada al infinito, podrá resultar por casualidad un Cosmos, por más millones de años le añadan.

El Cosmos también está sujeto a la generación/aniquilación, según las evidencias de nuestras observaciones, por lo que no cabe pensar que es eterno, sin principio ni fin: el Sol bien podría destruirse en cualquier momento; las constantes físicas bien podrían menguar o desaparecer en algún momento o en algunas zonas. El Cosmos manifiesta un frágil equilibrio que bien podría cambiar un poco y con eso, destruir cuerpos celestes. Es análogo a la salud de los seres vivos, donde esta es un frágil equilibrio, pues hay demasiadas amenazas contra ella en todo momento y en cualquier instante se puede perder. La salud, como la Vida, es simplemente un prodigio. Así es también a nivel macrocósmico. La fragilidad es evidente y, si existe el Cosmos, es por un asombroso prodigio. El Cosmos es un ente contingente, no Necesario. El Cosmos es un efecto y, como tal, no puede ser causa de sí mismo.

Por lo tanto, si el Cosmos es contingente, o sea, no es Necesario; si es un efecto y, por ello, requiere una Causa proporcional a su existencia; si su frágil equilibro no le viene por sí mismo, sino por un Orden Superior; si no hay que elegir las verdades absolutas dogmáticas como las del Materialismo, entonces queda elegir la verdad absoluta de que EL COSMOS ES UN PRODIGIO, o sea, el Cosmos es creación de Dios.

Que el Cosmos y la Vida son un prodigio y los prodigios son de causa divina es una verdad absoluta que los humanos siempre han sabido. Es mentira que los humanos antiguos eran más ignorantes que los actuales porque los humanos siempre han sido igualmente inteligentes. (No crean la pendejada de que los humanos fueron alguna vez unos trogloditas humano-simios). Otra cosa es que interpreten la realidad con otros símbolos u otras personificaciones de dioses, pero eso es normal, porque los humanos somos seres sociales y, como tales, influidos por nuestra época y sociedad. No obstante, en lo esencial, las demostraciones de la existencia de Dios antiguas, si les separamos las teologías y nos vamos a los argumentos, siguen siendo igual de válidas. Esto es porque los humanos no pueden dejar de hablar de la Deidad y a su inteligencia le acomoda perfectamente asombrarse por el prodigio de la Vida y buscar la causa trascendente que le sea proporcional.

Los animales no pueden pensar en la Deidad, porque no les es propio o no tienen la capacidad intelectual para ello. No obstante, los falsos ateos no se enteran de que, dejar de pensar en las deidades, sería como forzarnos a comportarnos como animales, lo cual es imposible, y es por eso que los falsos ateos también babean por hablar de los dioses, así sea para mantener su ateología.

En síntesis:

El Cosmos no es eterno, tuvo un comienzo. Creer que es Eterno es ir contra todas las observaciones y asumirlo como fe dogmática, por lo que queda aceptar que el Cosmos tuvo un comienzo, si es que quieren permanecer en la lógica y racionalidad.

Si el Cosmos tuvo un comienzo, no se lo pudo dar por sí mismo ni haberse generado por nada, por lo que el Cosmos es un efecto y requiere una causa que le sea proporcional. Además de que esa Causa debe ser no material, o caeremos en el absurdo de que se generó a sí mismo.

Si agudizamos el asombro, veremos que el Cosmos es un orden y sincronía imposible de que le venga por casualidad.

Si el Cosmos tuvo un comienzo, si su existencia no es por casualidad y si requiere una Causa que le sea proporcional y no material, entonces queda aceptar que tal Causa es Dios.

Por lo tanto, Dios existe.

Conclusiones a la demostración filosófica de la existencia de Dios

Se ha enseñado cómo razonar, que no es con las apariencias o lo inmediato, sino con lo más fundamental, o sea, con las partes que constituyen el todo. Se trata de demostrar o bien que la suma de materia sólo suma más materia o que la suma de materia puede resultar en seres vivos. Esto es lo que se debe debatir en las contiendas de creyentes contra "ateos", y no andar con pendejadas de criticar religiones, sus dogmas o sus doctrinas y ni siquiera su idea de dios. No se trata de andar de psicólogos chafas diciendo que dios es un invento de la mente humana para justificar sus debilidades o carencias, sino cómo es posible que atómicamente los seres vivos son posibles, o que no lo son por sus solas propiedades. La pregunta es cómo es posible la mente, las ideas, la sensación de individualidad, la sensación de ser libres; cómo es posible la Vida y la salud... Todo, desde las partes al todo, no del todo a las partes.

Se ha exhortado a que es importante elegir y no andar pendejeando en espera de que las falsas ciencias rellenen los huecos de la ignorancia humana y con ello creer que no es necesario un Dios para que haya Cosmos y Vida. Y las opciones no son muchas, sino solamente dos:

1. Dogmas o absurdo. (Como los materialistas/cientificistas).
2. Lógica y racionalidad. (Lo que se deduce con el filosofar auténtico).

¡A elegir!

Ya pusimos en claro que a las ciencias empíricas no les compete el tema de los Orígenes, ni siquiera el tema de Dios, porque cuando lo hacen únicamente producen sofismas o conjeturas imaginarias nada científicas. Más adelante expondremos, aunque ya lo hemos avanzado bastante, por qué la idea de ciencia actual apesta y necesita una limpieza profunda. Se ha expuesto que el entendimiento humano tiene límites infranqueables, y los Orígenes están fuera del límite, así es que no es necesario esperar las conjeturas imaginarias de las falsas ciencias con sus cuentos evolucionistas o bigbangnistas o cualquier otro que se les ocurra, pues estas son cosas que sólo alimentan al Cientificismo.

No vale esperar una demostración de la existencia de Dios a partir de Dios en sí, sino sólo como Causa proporcional necesaria a los efectos Cosmos y Vida.

Se ha mostrado que la verdad es cosa humana, no de animales, porque no tienen la capacidad de discernimiento; ni de Dios, porque es Algo que va más allá de nuestras ideas de verdad. También que es verdad absoluta y lógica (no provisional ni vero-símil) que Dios existe. Hay la alternativa de creer en verdades absolutas dogmáticas, como las religiosas o las cientificistas, o bien, en verdades absolutas absurdas como algo de que el Cosmos venga de nada o sin las potencialidades necesarias. Tengamos presente que lo que divulgan los cientificistas no son verdades absolutas y que son provisionales, que son modelos para superar o mejorar, pero las publican así: como verdades absolutas. Si fueran conjeturas provisionales, no deberían divulgarlas, sino hasta que las demostraran. No obstante, adoctrinan a todas las edades y por todos los medios con sus conjeturas como si fueran verdades absolutas. En la práctica, el cientificismo traga y vomita sus dogmas como verdades absolutas.

También se ha expuesto que es necesario separar las teologías de la Filosofía. Es importante separar las ideas de dios personales, propias de las teologías, de la idea de Dios sin personalismos y sin caer en panteísmos. Los falsos ateos han producido una ateología, ya que parten de las ideas de dios de las teologías, y son a sus dioses a los que les niegan su existencia, ya sea haciendo mofa o criticando el comportamiento de los religiosos. Los falsos ateos deben deslindarse de las teologías e intentar filosofar, ya sea para abandonar la basura ateísta, o bien para tratar de comportarse como animales, que sería lo más coherente con el Ateísmo. Las vacas no creen en dioses, entonces que los falsos ateos traten de imitarlas. Repetimos que son "falsos ateos" porque, según la definición de dios aquí propuesta, los dizque ateos tienen su dios Materia/Física, que originó el Cosmos y la Vida conforme a su dogma asumido como verdad absoluta.

Hemos demostrado que, ante el espectáculo de la muerte del Ateísmo, como algo que es peor que basura, y destruidos sus ídolos que lo apuntalaban, el conocimiento de la existencia de Dios es una necesidad humana, porque si fuera coherente con la necedad de negarla, la existencia humana sería algo inhumano y sin sentido.

A continuación, vamos a hacer un esquema de lo que desarrollado hecho hasta aquí, para poder concluir que la existencia de Dios es una verdad absoluta deducida por razonamiento lógico.

1. Demostrar que el Ateísmo es peor que basura. Con esto desarmamos a los ateos y les quitamos su vanidad y creencia de que el Ateísmo es cosa de ciencias, cuando no lo es para nada. Ponemos de manifiesto que, sin necesidad de demostrar la existencia de Dios aún, así por sí mismo el Ateísmo no sirve para nada y que si los ateos fueran coherentes con lo que exige el Ateísmo puro, estaríamos frente a una postura antihumana y de reducción a la animalidad.

2. Poner en evidencia la torpeza de los pseudoargumentos a favor del Ateísmo. Se vio cómo los argumentos ateos más parecen berrinches de niños que se le rebelan a la autoridad que cosas serias. Exigen que les demuestren la existencia de Dios, cuando ellos deberían indagarla por sí mismos y sin meterse en teologías o religiones. No obstante, babean por aventar su veneno contra las creencias religiosas. Queda al descubierto que no hay argumentos ni científicos ni filosóficos a favor de la inexistencia de Dios.

3. Derrumbar sus ídolos a los cuales adoran y creen ingenuamente que los apuntalan. Las ciencias no les pertenecen, porque no hay ningún argumento científico de la inexistencia de Dios, ni lo habrá; el Evolucionismo y Bigbangnismo son destruidos porque los Orígenes no son para las ciencias empíricas; les quitamos la Naturaleza como si fuera algo en sí y no una simple abstracción, que hasta la personalizan sin que se den cuenta; cae la palabra *ley* erróneamente usada en las ciencias

empíricas, cuando no le corresponde, por ser una herencia religiosa; derrumbamos falsos axiomas de los cuales los ateos se agarran; la Ciencia, así en abstracto, no existe, por lo que hay manipulación ideológica al usarla de ese modo; el Heliocentrismo está fuera de las ciencias reales, porque sus pruebas no son reproducibles y sus predicciones son pirateadas e insustanciales; cae la Todopoderosa Gravedad, cae el Padre Tiempo, cocinero y poseedor de las recetas para fabricar seres vivos.

4. Definir la palabra *dios*. Con la sola definición de dios, se pone en evidencia que no hay Ateísmo real, sino que también tiene su diosa Materia/Lo Físico. Son falsos ateos.

5. Demostrar la existencia de Dios de modo racional y lógico, separando las teologías de la Filosofía. Hay que aclarar que no se trata de una posición antirreligiosa, sino teórica en dos pasos: antes del filtro del intelecto humano, con una idea de Dios impersonal, y después de pasar del filtro humano, que necesita personalizar sus deidades para poder comunicarse con ellas, lo cual es una necesidad inevitable y muy humana.

6. Terminar con el ídolo del Evolucionismo, que se resiste a caer. Esta resistencia es debido a que es demasiado importante para muchos, creyentes o falsos ateos, y se cree la columna vertebral de la Biología y el arma más usada para el Cientificismo. Merece ser ampliado este tema y terminar de aniquilar al Evolucionismo. Con

esto, el Ateísmo se ha vuelto polvo y humo y sus ídolos han quedado destruidos. El objetivo principal de este siguiente apartado es poner en evidencia que la idea de Ciencia actual apesta y necesita una limpieza profunda.

Por supuesto, sabemos que también hemos derrumbado creencias que comparten creyentes y falsos ateos, incluso el concepto de Dios que se pensaba propio de las religiones, cuando no lo es. No es fácil tragar tampoco que se derrumben conceptos o lenguajes "científicos" que parecían perennes, algunos de los cuales eran invenciones o herencias de religiosos, y, sobre todo, ver caer a sus "científicos y filósofos" de sus altares, muy idolatrados y estampados en sus vestiduras y tatuados en sus pieles y corazones.

LOS QUE SE UFANABAN DE SER DEL GRUPO DE LOS ESCÉPTICOS RESULTARON SER UNOS DOGMÁTICOS MATERIALISTAS, MÁS CERRADOS QUE CULO DE MUÑECO, FRENTE A LA FILOSOFÍA HERÉTICA.

Intersecciones

En vista de que he dicho cosas que pocos o nadie ha dicho, no voy a involucrar a nadie, porque sé que los humanos fácilmente malinterpretan las cosas y no están educados en tamizar la información para así filtrar lo que les parezca correcto y quedarse con él, y con lo que no estuvieran muy de acuerdo, dejarlo pasar. No obstante, los humanos, en general, suelen ser prejuiciosos, y si algo les parece erróneo, entonces generalizan y desestiman todo lo demás, así antes lo hayan aceptado. La esperanza es que a los de mente abierta y crítica les haya quedado lo fundamental y adopten la nueva forma de ver la Vida y el Cosmos como lo que son: unos Prodigios.

La primera sección llevó la intención de hacer polvo y humo al Ateísmo y los ídolos que lo apuntalaban. Para los no fanatizados por el Ateísmo, sin problema lo desecharán definitivamente. Habrán entendido que no es necesario estar dentro de una teología o religión para saber que hay un Dios Creador del Cosmos y la Vida. Si quieren pertenecer o participar de los dogmas y tradiciones de alguna religión en particular, ya será por su gusto, porque se entiende que las religiones son útiles para muchas personas, por ser estructuras que dan sentido a la vida humana.

También está la opción de reconocer a la deidad de la Ateología pura, que sería la Todopoderosa Materialidad, y reconocer que se cree en ella por dogma de fe y renunciar al Dios deducido por la racionalidad humana, sin dogmas de fe, es decir, por la Filosofía. El problema de elegir a la diosa Materialidad es que no se podrá ser coherente con esta decisión, y no quedará de otra que hacer paralelismo con las religiones y personalizar a su diosa Materialidad y, tal vez, hasta cultos y rituales para adorarle.

Si la demostración filosófica de la existencia de Dios, propuesta por mí, les pareció insuficiente, les recuerdo que yo no tengo obligación de convencerlos ni demostrarles nada. "A BUEN ENTENDEDOR, POCAS PALABRAS". Necesitaría tenerlos de frente y debatir con ustedes para darme una idea de cómo razonan o enterarme de qué supuestos se alimentan o si les gana más su fanatismo que su independencia intelectual. Los citados argumentos de la existencia de Dios se resumen en simples silogismos. Yo, al menos, les ayudé a razonar con más profundidad y más detalles, y estoy seguro de que encontraron cosas que jamás habían escuchado y una invitación a pensar por ustedes mismos para así no dejarse engañar por autoridades, por más que tengan en la frente una etiqueta que diga "soy científico", "soy divulgador de La Ciencia".

Han de saber que hay que estar dispuesto a ser desarmado y refutado. Hay que agradecer a aquellos que nos sacaron del engaño, en lugar de hacer la idiotez de aferrarnos a una postura a toda costa y usar falacias y sofismas con tal de aparentar que nos defendemos y para salvar la vanidad humana del tener siempre la razón. A los humanos sencillos se les perdona que quieran defender su ego e idea a toda costa, pero alguien que tiene gusto por el filosofar debe estar dispuesto a cambiar de ideas y reconocer los argumentos que superan a los propios.

Debido a que el ídolo del Evolucionismo es el más idolatrado, tanto por los falsos ateos como por muchos religiosos, es preciso profundizar más para terminar de destruirlo. Esto también servirá para darles a ustedes herramientas de cómo defenderse contra los que profesan el Credo Evolucionista. El método será el que hemos seguido: el filosófico. Algunas cosas se van a repetir de las ya dichas, pero más vale ser enfáticos y repetitivos para asegurarnos de que, si no entienden algunos con unas palabras, tal vez lo entiendan con otras. Bienvenidos, nuevamente.

CAPÍTULO 8

Ídolo 6. La charlatanería evolucionista

De lo inconsistente y paradójico que es el postulado darwinista

Abro este análisis con una cita clave de Charles Darwin en su texto *El origen de las especies*:

"Quien admita actos separados e innumerables de creación puede decir que en estos casos le ha placido al Creador hacer que un ser ocupe el lugar de otro que pertenece a un tipo distinto".

Esta cita de Charles Darwin resume el trasfondo y el fondo de su hipótesis.

En el trasfondo

La hipótesis darwinista nace oponiéndose a la idea religiosa de la Creación narrada en el Génesis, donde el Creador crea a las especies de forma separada y acabada. Esto no hay que olvidarlo, porque así se sigue manteniendo hasta hoy: como una oposición a las ideas de la Creación religiosas. Como dijo

Darwin: "… actos separados e innumerables de creación en contra posición a la idea evolutiva". Por eso vemos tantos evolucionistas que se afanan en la crítica a las ideas religiosas, para intentar justificar su creencia evolucionista. Es impresionante ver que tanto evolucionistas legos como renombrados se la pasan incansablemente criticando las ideas religiosas, oponiendo siempre Creación contra Evolución. Su debilidad principal está en que cuando piensan en creación lo hacen pensando en lo que narra la Biblia. Esto es un grave error de los que pretenden seriedad y trabajo científico real. Una investigación científica y empírica seria, que pretenda explicar el origen de los seres vivos, sin relación con las religiones o cosas relacionadas con dioses, no tiene que tomar en cuenta para contraste lo que crean los religiosos; es más, ni siquiera deben ser mencionados en un texto "naturalista". Pero Darwin cometió ese error. Empezó errado y terminó errado.

Se precisa hacer una nota aclaratoria sobre lo que aquí se entenderá por *ciencias*. La idea de ciencia actual es un adefesio maleable que obedece a diversos sofismas materialistas, empiristas, positivistas, naturalistas o cientificistas. Las ciencias dejaron de ser un conjunto de verdades demostradas, pasaron a una vero-similitud, es decir, todo es una aparente verdad y aparente demostración, basta con que lo parezca y será divulgado y tomado por verdadero provisionalmente, mientras llegue la nueva conjetura o teoría. Las verdades absolutas suenan a cosas sin sentido y se creen superadas. Vamos a recuperar el sentido correcto, por lo que aquí por *ciencias* se debe entender al conjunto de disciplinas que buscan verdades demostradas y absolutas, por diversos métodos, según cada disciplina. También cabe señalar dos clasificaciones básicas de las ciencias: las ciencias deductivas y las ciencias inductivas, es decir, ciencias teóricas y ciencias empíricas.

¿Por qué no debe ni mencionarse lo que digan las religiones en un trabajo de investigación científica de corte empírico?

Las ciencias empíricas no necesitan meterse en temas religiosos, dado que sus objetos de estudio siempre son físicos y tangibles. En este caso, hablamos de una investigación que busca descubrir y demostrar los orígenes de los seres vivos, tanto de su aparición como de su ocurrencia a lo largo de la historia, es decir, de pretensión empírica. Sería parte de la Biología y ahí, como tal, el tema de Dios es ajeno. La Biología estudia seres vivos; Dios no es un ser vivo, por lo tanto, La Biología no estudia a Dios. Y cuando digo que es ajeno, no me refiero a que no tenga absolutamente ninguna relación, sino que, como ciencia empírica, no puede pasar de sus objetos de estudio físicos a uno metafísico. Cada ciencia está limitada por sus propios objetos de estudio. Los textos bíblicos, tomados como palabra de Dios o Revelación, son asuntos de fe. Si lo que dicen los textos bíblicos o cualquier otro texto religioso o sagrado se toma como verdadero, como histórico o de forma literal, es un asunto propio de las teologías religiosas. Si alguien quiere defender su certeza religiosa y publicarla o, por el contrario, negarla, será siempre a ese nivel de discusión teológica. Una creencia religiosa puede ser criticada por otra creencia religiosa, pero no por una ciencia empírica. Es decir, si un texto religioso es distinto a otro y se contradicen entre sí, y se pretende defender cuál es el verdadero y cuál el falso, el asunto sigue manteniéndose dentro del ámbito interreligioso. Algún religioso podrá defender su creencia como ciencia e historia real, pero no puede negar su parte de fe (palabra de Dios) y sabe que lo más importante es el conocimiento de la existencia de Dios y no tanto los pormenores de cómo fueron creados los seres vivos, pues eso sólo Dios lo sabe realmente. En ámbito de las religiones, puede haber muchas explicaciones de cómo fueron creados los seres vivos. La narración de la creación en el Génesis es una entre otras. El hecho de que sea dominante o hegemónica, al grado de influir tremendamente (como le influyó bastante a Charles Darwin), eso no la hace la única.

Ahora bien, en cuanto a las ciencias empíricas, el tema religioso debe ser ajeno, ni siquiera para contrastarse. Si un religioso llega a la conclusión, después de serios estudios, de que lo que decía tal texto sagrado resulta ser realmente histórico será porque no partió de su fe, sino de sus investigaciones que primero se mantuvieron al margen de su fe y luego se confirmaron. De tal manera que quien quiera hacer un trabajo de investigación científica empírica (no teológica) no necesita hablar de lo que digan o no digan los textos religiosos. Es un error contrastar una teoría científica con un relato sagrado de fe, y Darwin cometió este error y sus seguidores lo siguen haciendo. Pero este error de Darwin es más serio aún. Vea usted la siguiente cita:

> Podemos comparar el ojo con el telescopio. Sabemos que este instrumento se ha perfeccionado por los continuos esfuerzos de los hombres de mayor talento, y, naturalmente, deducimos

que el ojo se ha formado por un procedimiento análogo, pero ¿esta deducción no será quizá presuntuosa? ¿Tenemos derecho a suponer que el Creador trabaja con fuerzas intelectuales como las del hombre? [...] ¿Podremos dejar de creer que pueda formarse de ese modo un instrumento óptico viviente tan superior a uno de vidrio como las obras del Creador lo son a las obras del hombre? (Charles Darwin, *El* Origen de las Especies, 2011, UNAM, p. 306)

Esto es de las pocas cosas sensatas que escribió Charles Darwin y es un argumento válido en teología y filosofía, donde se reconoce que la inteligencia del Creador es infinitamente superior a la del humano, por eso el ojo es tan asombroso y es su creación; donde un telescopio, que es un invento humano, es poca cosa ante él. Sí, es válido, pero sólo para quien quiere hacer defensa de la existencia del Creador. ¿Qué pasó aquí? En este caso, Darwin estaría proponiendo una versión distinta de creación divina y no una teoría científica empírica que se supone debe mantenerse ajena a los dioses. Si Darwin se hubiera mantenido sobre esta línea a lo largo de sus ideas, de defender la existencia del Creador, antes que intentar desembarazarse u olvidarse de reconocerlo, hubiera sido una propuesta creacionista más, no una propuesta de ciencia empírica. Doble error grave encontramos aquí de Darwin:

1. El haber mencionado al Creador en algo que pretende ser teoría científica empírica.

2. Fue paradójico en su propuesta: asumió que hay un Creador, pero no defendió la existencia del Creador como una prioridad a lo largo de su texto *El origen de*

las especies; en contraste, sí prevaleció su intención de que sus conjeturas se explicaran sin el Creador. Su inconsistencia e incoherencia son escandalosas para quienes somos capaces de percibirlas. Esta inconsistencia hizo que no fuera casualidad que algunas personas religiosas aceptaran y sigan aceptando las ideas darwinistas y también los ateos las tomen como si estuvieran a su favor.

A pesar de que Darwin no negó al Creador, ¿cómo es posible que, sin negar al Creador, se oponga a lo religioso? La respuesta está en que Charles Darwin, en su extensa hipótesis escrita en *El origen de las especies*, no le reconoce al Creador ningún papel necesario para que se dé la supuesta Evolución. Es decir, da igual si existe o no existe. Ningún teólogo podría argumentar a favor de la existencia del Creador, desde las ideas darwinistas; pero sí un ateo pretender negar su existencia.

En el trasfondo, por lo tanto, vemos el error grave de no separar la creencia religiosa de lo que pretende ser una demostración científica empírica. Vemos, por ello, que es paradójica e inconsistente. Vemos que pretendió contrastar su hipótesis con una versión creacionista religiosa, lo cual es inválido, pues si se ha de contrastar una teoría científica empírica con otra, deberá ser con una que también esté ajena a lo religioso.

Que quede claro que no estoy diciendo que solamente se puede hacer ciencia de lo ajeno a lo religioso, sino que no es lo mismo una ciencia teórica-deductiva, que en este caso sería la teología, a una ciencia empírica, que es la que sí se debe mantener al margen de lo religioso. Entonces, ¿qué pretendía Darwin?, ¿ciencia teológica o ciencia empírica? Se confirma la inconsistencia y paradoja.

Cabe mencionar que, en el tema de la contrastación, el problema es más grave aún, dado que no existe con qué contrastar la Evolución; no hay hipótesis alternas con qué compararla, lo que la hace ser una única visión y también dudosa como propuesta científica empírica.

Una vez visto lo que está detrás de la hipótesis darwiniana y algunos de sus errores, pasemos ahora al fondo.

En el fondo

De la ambigüedad de la palabra *Evolución*.

Darwin propone que la creación aconteció gradual y lentamente, donde "... un ser ocupe el lugar de otro que pertenece a un tipo distinto". Por ejemplo, una especie de simio se va transformando lenta y gradualmente en otras formas, a través de muchas generaciones, lo que algunos llaman "proceso de hominización", hasta ocupar el lugar de la especie humana. De esto, y sólo de esto, se trata la hipótesis darwinista.

Los evolucionistas sí lo creen, pero la Evolución biológica:

- no se trata de ver las semejanzas y las diferencias entre especies;
- no se trata de ver las semejanzas genéticas;
- no se trata de ver cómo se adaptan los seres vivos al medio;

- no se trata de ver cómo se diversifican dentro de la misma especie (por ejemplo, cómo se diversifican las razas de perros);
- no se trata de comparar fósiles...

La Evolución se trata de lo que dijimos al principio: cómo una forma toma el lugar de otra distinta, es decir, de cómo se transforma su esencia en otra esencia distinta (la esencia de un simio no es la misma esencia que la de un humano). Siguiendo con el ejemplo de los perros en su diversidad, allí se observan cambios de formas, pero nunca cambia su forma esencial, pues los perros siguen siendo perros. La ilusoria ciencia evolucionista deberá demostrar cómo una esencia se va perdiendo gradualmente para dar lugar a otra esencia distinta, o sea, cómo un perro va dejando de ser perro gradualmente hasta ser de otra esencia y forma "no perro".

Si esto no lo hacen los evolucionistas, primero se mostrará su falta de ciencia y, segundo, no podrán demostrar el porqué de la biodiversidad y, por ende, no podrán demostrar la Evolución. Hay que estar muy alertas ante los argumentos o supuestas pruebas evolucionistas, porque le llaman "evolución" a lo que no lo es, como los ejemplos que puse atrás. Los evolucionistas son expertos piratas que se roban ideas de las ciencias para, luego, hacer creer que les pertenecen.

Se supone que este fenómeno: el de que una especie toma el lugar de otra de tipo distinto puede explicar toda la biodiversidad de plantas, animales e insectos. Este fondo no se debe olvidar, dado que la palabra *evolución* es altamente ambigua y se pueden entender muchas cosas distintas con ella. Varios evolucionistas le llaman "evolución" a otros fenómenos de los seres vivos, que tienen poco o nada que ver con este fondo. De esta manera, al negar el fondo, se suelen divulgar supuestas explicaciones de evolución, cuando no hay tales. A causa de esta ambigüedad, abundan las falsas pruebas, y tener la agudeza de percibirlas no es cosa sencilla; es preciso estar muy abierto y dispuesto a dudar de la Evolución y su validez. El asunto se complica cuando muchos evolucionistas lo único que saben es defender la Evolución y nunca presentan ideas de su posible falta de ciencia, aunque sí que las divulgan por todo tipo de medios: desde mostrarlas en los libros de texto escolares hasta documentales y películas.

La tremenda ambigüedad de la palabra *Evolución* es tan grave que no hay claridad ni acuerdo de lo que es y no es Evolución entre los mismos evolucionistas. Hay que decir que, a pesar de que he puesto de referencia una definición de evolución de Darwin, para entender qué es tal cosa, no obstante, Darwin no se apegó a su propia definición. La definición darwiniana atrás cita no la puso Darwin para ofrecerla de referencia ante toda su teoría y regirse con ella, sino únicamente con la pretensión de infiltrarse como inofensivo a las creencias religiosas. Lo que vemos, cuando se lee el texto de *El origen de las especies*, es que no fue coherente con la definición de Evolución, por el contrario, creyó que la adaptación y la lucha por la supervivencia del más fuerte, por selección natural, ya era cosa de la Evolución. No obstante, la lucha por sobrevivir y adaptarse al medio es cosa natural que se observa cotidianamente; es un error y un salto de fe enorme pensar que eso hará que una especie pierda progresivamente su esencia hasta alcanzar otra totalmente distinta.

La incoherencia de Darwin, curiosamente, continúa en los evolucionistas actuales, confundiendo principalmente Evolución con Adaptación. Estos no han sido y no parecen ser capaces de distinguir una cosa de otra, y menos disciplinarse para colocar definiciones claras y precisas a estos conceptos principales. Les funciona mejor dejar las cosas en la ambigüedad y pasar como quien sabe de lo que habla.

La palabra *evolución* se aplica para una gran cantidad de cosas, que no necesariamente tienen que ver con la Evolución. Se habla de evolución política, de evolución social, de evolución tecnológica, de evolución demográfica, de evolución automotriz, de evolución de una enfermedad, de evolución del universo, de evolución moral, de evolución educativa, etcétera. Se manejan varios sentidos: en unos significa superación o mejora progresiva, en otros, desarrollo histórico, en otros, manifestación del fenómeno, etcétera. En la conjetura evolucionista se usa en todos los sentidos anteriores, por eso es nefasto debatir con evolucionistas, entonces, primero hay que enseñarles lo básico de lo que es Evolución, luego intentar que abran su mente, dejen de defender su cuento por un momento, que se bajen de su *Montaña de Evidencias Artificiales* y acepten sus falsedades; cosas que muy pocos están dispuestos a hacer.

El sentido correcto de *evolución* no tiene ninguna relación con los anteriores mencionados, sino el de Transformación "... un ser ocupe [se transforma en] el lugar de otro que pertenece a un tipo distinto" (Darwin, p. 301). El gran problema es que los evolucionistas no dan a entender el sentido que le corresponde, sino que utilizan los anteriores, sumando confusión, ambigüedad y manipulación. *Evolución* es una palabra gastada y extremadamente manipulable que se presta a la ambigüedad, por lo que es necesario cambiarla por una menos gastada y precisa: TRANSFORMISMO.

También diré que las definiciones sirven solamente para darnos a entender. Los diccionarios no son dictadores de verdades, entre ellos hay variedad de acepciones de una sola palabra, por lo que, si aceptan mi concepto y nos damos a entender con ella, es válido. Así que, en su momento, en lugar de hablar de Evolución, hablaremos de Transformismo, no como lo entendía Lamarck (por el uso y desuso de órganos), sino con este nuevo enfoque, ya mencionado: una especie se "transforma" en otra forma, perdiendo su esencia y tomando otra.

Demos dirección al tema.

Hemos puesto sobre la mesa, para empezar, dos problemas principales:

1. La oposición de Darwin a la idea religiosa de creación bíblica, lo cual es un error inexcusable.
2. La ambigüedad de la palabra *evolución* y su manipulación.

Sobre este primer punto, sabemos que Darwin no fue el primero que trataba de desligarse de la hegemonía de la cosmovisión religiosa del Génesis, pero mencionamos a Darwin como símbolo más representativo de la hipótesis evolucionista. Domina la idea aún de que las investigaciones científicas deben mantenerse separadas y hasta antagónicas de las interpretaciones religiosas, por lo que creyeron necesario presentar una hipótesis ajena a las religiosas. Pero no era fácil encontrar algo alterno a lo religioso; ni siquiera hoy día es posible dar otras explicaciones no religiosas del porqué los seres vivos son como son, que no sea la cosmovisión evolucionista, por lo que ahora es hegemónica. Hay que decir que nunca se podrá, porque es verdad absoluta que somos obra del Creador.

Ahora bien, Darwin empezó dando un paso errado: se colocó como reaccionario a la idea religiosa prevalente o dominante de su época. Supuso que oponiéndose a la idea de que Dios había formado los seres vivos de una sola vez, acabados y sin mayor cambio a través del tiempo, y dar su versión gradualista, ya con eso había conseguido pasar como propuesta científica. Hace suya la sentencia: *Natura non facit saltum*; por eso dijo: "Si las especies hubiesen sido creadas independientemente, no hubiera habido explicación posible" (Darwin, p. 239).

La visión darwinista se polarizó: o las especies se crearon independientemente por obra del Creador o se formaron de modo gradual, donde unas especies vienen de otras distintas y no se necesita hablar del Creador para dar esta explicación. Con esto, ya no dio posibilidad a otras explicaciones: o la Naturaleza da saltos o no da saltos. Se abrió una contienda que, desde entonces hasta ahora, prevalece: si la naturaleza da saltos o es repentina por intervención divina, se le considera creacionismo; si la naturaleza no da saltos o es gradual, se le considera evolucionismo (observen el error ideológico de parte de los evolucionistas de antropomorfizar a la Naturaleza). Aparece la contienda y sigue actual entre creacionistas contra evolucionistas. Por lo tanto, Darwin cometió el primer error de justificarse en que, si el oponente es falso, sus ideas deben ser ciertas; cuando, en realidad, no necesariamente debe ser así, porque, aunque la primera pueda ser falsa, también la suya lo puede ser (que de hecho lo es), lo cual termina siendo una falacia en su dicotomía.

El segundo problema sobre la mesa, ya anunciado atrás, es la alta ambigüedad de la idea de evolución. Sucede algo similar con la palabra *ciencia*, muchos suponen saber lo que es ciencia, pero, al momento de ser estrictos con la definición, muchas cosas caen por falta, precisamente, de entendimiento de lo que es un conocimiento científico. Es preciso ser estrictos con las definiciones, porque ya de antemano sabemos que las palabras son ambiguas, y más lo serán si no nos apegamos a las definiciones. Tratar el tema de ciencias para precisar su uso y mal uso merece un documento aparte. Lo que sí es pertinente señalar por ahora es que los llamados "científicos" de los últimos tiempos han menospreciado el tema de la verdad, bajo el supuesto de que únicamente se puede disponer de explicaciones científicas provisionales o perfectibles. Ah, pero eso sí, divulgan las cosas como si estuvieran demostradas, como si fueran verdaderas. Simples ocurrencias teóricas las divulgan con la etiqueta de Ciencia. No son coherentes con eso de que sólo hay explicaciones provisionales, porque si lo fueran, no divulgarían sus conjeturas, sino que las dejarían como una investigación personal: las harían del conocimiento de los demás hasta que las hubieran demostrado. Se agrega un problema más: que tampoco saben qué es una auténtica demostración científica.

Pasan por demostración científica cosas como cálculos sacados de la imaginación a partir de datos manipulados o injustificados. Por poner un ejemplo evolucionista: han armado el cuento de que los lobos son ancestros de los perros con supuestos argumentos (ficticios), sin pasarlo por demostración experimental exitosa, como correspondería; pero eso sí, le llaman saber científico digno de ser divulgado y hasta premiado. No basta experimentar para que sea cosa científica, sino que la experimentación llegue al éxito y sea reproducible en cualquier momento, y sólo entonces ya podemos hablar de ciencia experimental. Las ciencias deben ser un conjunto de conocimientos verdaderos, demostrados según el método que exija cada ciencia y su objeto de estudio.

Ya sabemos que la palabra *evolución* se usa para explicar muchas cosas, tal vez demasiadas, es una palabra tan común y equívoca que ya es difícil recuperar el orden. Pareciera que todas esas ideas de "evolución" coinciden en que hay un avance o desarrollo hacia adelante, nunca hacia atrás. Es decir, si las tecnologías evolucionan, es porque son mejoradas o las siguientes son superiores a las anteriores en funciones, capacidades y demás. Pero ¿es así como vamos a aplicar el término evolución a lo biológico, igual que en la evolución tecnológica, por ejemplo? No sería correcto.

¿Alguien se atreverá a decir secularmente que el humano es superior ontológicamente a las tortugas o a las moscas? En realidad, hablar de grados de seres, de inferior a superiores, es cosa solamente de algunas religiones, no de las ciencias empíricas. Además, las evoluciones tecnológica, médica, moral, de ingeniería, etcétera, son gracias a la inteligencia humana, y, sin ella, tales evoluciones no serían posibles de ninguna forma, pues estamos hablando de sus invenciones y descubrimientos. ¿Se va a reconocer el papel de la Inteligencia Divina en la teoría de la evolución biológica y que sin ella no es posible? ¿Cabe Dios en las ciencias empíricas como demostración y como ciencia? Deberían hacerlo, si es que les interesa la verdad, pero no lo harán. La idea de ciencia actual, influida por el positivismo y el cientificismo, pretende mantener el tema de Dios ajeno a las ciencias. Entonces, ya vemos que la palabra *evolución* se usa de manera distinta y no se trata de que unos seres superarán a otros y los pasados serán inferiores (involucionados) y los actuales superiores en la biología, aunque Darwin a veces así lo sugería.

Seamos claros entonces. A pesar de que Darwin no pretendía negar al Creador, al menos no en el texto de *El origen de las especies,* su hipótesis sí lo hizo. Gran parte de ateos, agnósticos o incrédulos han tomado a la Evolución como su bandera por defender a toda costa. Para ellos, es de su propiedad, así haya creyentes que no lo tomen así. Cuando un ateo ve que un creyente apoya a la Evolución, eso no le habla de la posibilidad de que sí exista el Creador, sino, por lo contrario, de que él tiene razón, pues, según él, los religiosos que no saben de "ciencia". Los falsos ateos creen que es una contradicción ser creyente y evolucionista a la vez.

El Evolucionismo cobró vida propia y se proclamó ser el gran negador de la existencia del Creador.

El éxito divulgador del Evolucionismo no radica en su alto nivel científico (que ni bajo tiene), ni en sus grandes aplicaciones prácticas (que no las tiene), por el contrario, provocó el llamado "darwinismo social", que es una ideología llena de ideas racistas, de humanos superiores e inferiores, de lucha de los fuertes contra los débiles, y todavía sigue en el inconsciente colectivo social. El Evolucionismo vino a calmar la sed cientificista y naturalista de los falsos ateos, además de que es la única explicación naturalista o ajena a lo religioso disponible. Esto explica por qué los incrédulos lo defienden con tanta persistencia.

Otro rasgo de su "éxito" se debe a que es un modelo de explicación o paradigma muy mañoso y acomodadizo, dado que interpreta la realidad desde sus conjeturas amoldables, y no que sus conjeturas se contrasten con la realidad. Es decir, se parte de lo observable, de lo que se sabe desde la antigüedad; se parte de los fenómenos cotidianos de los seres vivos, para luego ponerles la etiqueta de "evolución". ¡No arriesgan nada! Si algún dato no se ajusta inmediatamente, le dan una nueva interpretación, se zafan reacomodando los datos o dando opiniones imaginarias. Desde Darwin hasta ahora, siguen así. La imaginación de los evolucionistas es impresionante. Y ante la imaginación no hay quien compita.

Otra clave de su "éxito" está en mantener la ambigüedad y la laxitud; es decir, no buscan precisión en los términos o conceptos básicos, por eso casi a cualquier cosa le llaman "fenómeno de evolución". Mucha laxitud: si el darwinismo ha sido fuertemente criticado, pues lo desechan y se pasan alegremente al neodarwinismo. Si este, luego, ya no soporta tantas críticas, inventarán otras conjeturas y otras etiquetas. Si la paleontología no da respuestas convincentes, pues se van a la genética, a la embriología o a la bacteriología o a lo que se les vaya ocurriendo. Ellos se zafan diciendo que así es como progresan las ciencias: cambiando paradigmas y conceptos, pero que el "hecho" no cambia. Pero ¿cuál hecho? Ya veremos que no hay tal.

Una clave más de su "éxito" está en no poner criterios claros ni para identificar qué sí es evidencia de evolución y qué no es evidencia de evolución. Tampoco necesitan poner criterios para identificar qué fósil demuestra la evolución y cuál va en contra de la hipótesis: para ellos, todos, sin excepción, demuestran la evolución, pues los acomodan con manga ancha y plasticidad imaginaria.

Pero sobre todas las anteriores está la de divulgar el evolucionismo por todos los medios de comunicación y en los textos escolares, y ponerle una enorme etiqueta que diga: "CIENCIA", aunque no lo sea. Si algún científico se pone a criticar al evolucionismo, será fuertemente lapidado; por el contrario, los fieles evolucionistas ateos, premiados con trompetas y redobles de tambores. Y, por si fuera poco, cabe destaar otra clave: poner por encima al Evolucionismo de la misma Biología. Theodosius Dobzhansky, genetista ruso que falleció en 1975, dijo la famosa frase mentirosa de que "nada tiene sentido en Biología si no es a la luz de la Evolución", y, ah, ¡cómo muchos se han creído tal farsa!

Otra artimaña de éxito de los evolucionistas es separar la idea del origen de las primeras formas de vida de la hipótesis evolucionista. No son ingenuos, pues las ideas del origen de la vida, sin tener que hablar de Dios (hipótesis abiogenéticas), son múltiples y saben que no las pueden demostrar. Son un conjunto de imaginerías que se oponen unas de otras; cada uno elige la que le agrade más a la vista, y es difícil que haya consenso. Así que los evolucionistas no se meten en el origen de la vida y mañosamente dicen que a ellos únicamente les toca hablar de la "evolución" de la vida, no de su origen.

Si fueran creyentes, se entendería que sólo quisieran hablar de la ficticia evolución, pero como los mayores predicadores del evolucionismo son los falsos ateos, entonces, si fueran honestos, científicos y realmente quisieran demostrar cómo es que hay vida sin intervención divina, empezarían por el principio. Primero tendrían que demostrar el origen espontáneo y accidental de la vida, y luego su supuesta evolución, y no con armatostes de palabrerías y sofismas, sino con experimentación exitosa, reproducible en cualquier lugar y por cualquier investigador o estudioso. En otras palabras, si tuvieran ciencia y supieran cómo se origina la vida espontáneamente y cómo evoluciona, entonces ya hubieran abierto una o varias líneas de seres vivos, originadas por los humanos desde los elementos primarios. Excusas de por qué no lo hacen, siempre las tendrán, como la de que ya no hay condiciones como las de aquella imaginaria tierra primitiva. Nuevamente, parten de supuestos (abiogénesis) y los dan por hecho, para, de esos supuestos, construir sus *castillos imaginarios evolutivos* y luego divulgarlos como descubrimientos científicos.

La idea de un solo origen de la vida viene de los relatos religiosos, y los evolucionistas copiaron esta idea para de allí armar sus conjeturas. De lo que no se han enterado los evolucionistas es de que, si hubiera múltiples o innumerables orígenes de la vida independientes, y no uno solo, la conjetura evolucionista perdería (que ya la perdió) toda validez por ese solo hecho (más adelante explicaremos el porqué). Así que es erróneo desligarse del cómo se originó la primera forma de vida.

El darwinismo empezó con absurdos, como el de criticar una teología, sin razón justificable, y desde entonces, no ha parado de dar absurdos. Bien lo decía Aristóteles en Física, Libro I, 186a 5: "Si se deja pasar un absurdo, se llega a otros sin dificultad".

Hasta aquí las generalidades y pasemos a las particularidades. Vamos a analizar parte a parte la inconsistencia científica del evolucionismo.

Sobre el movimiento y el cuento evolutivo

Según el evolucionismo (versión materialista, de los falsos ateos), en el pasado remoto apareció la vida espontánea y accidentalmente, para luego iniciar la carrera del Transformismo, siempre hacia adelante, perfeccionándose, especializándose, adaptándose a los continuos cambios y con una infinita creatividad e innovación.

Ahora bien, si pensamos en la inmensa variedad de formas, colores, texturas, comportamientos, etcétera, de las plantas, insectos y animales acuáticos y terrestres, acabaríamos abrumados de tanta creatividad e innovación de los seres vivos, que cuida hasta los más, aparentemente, insignificantes detalles. ¿Cómo es posible esto si para el evolucionista no hay Inteligencia subyacente que guarde memoria, que Ordene, que dé sentido y finalidad a algo y haga derroche de creatividad?

Los evolucionistas usan los imaginarios "árboles de la evolución" de manera muy mañosa. Hablan de árboles como si una vez iniciada su germinación (origen de la vida), el árbol ya crecerá y crecerá con orden, sin dar marcha atrás, y todavía dando frutos de todos tipos (Transformismo). La metáfora del árbol evolutivo es absurda, pues ningún árbol da distintos frutos. Dirán los evolucionistas que sólo es una manera de clasificar a los seres vivos, pero, como ya dijimos: "un absurdo lleva a más absurdos". Si se trata de clasificar, se puede clasificar de mil maneras a los seres vivos y se puede hacer de maneras muy arbitrarias. Por ejemplo, podemos clasificar a los seres vivos que tengan lengua; dependiendo el interés servirá tal clasificación, pero sería una manipulación escandalosa, sacar de las clasificaciones, conclusiones arrebatadas de que unos vienen de otros en orden cronológico. Por lo tanto, clasificar a los seres vivos es válido, pero no se justifica sacar conclusiones hipotéticas y divulgarlas como evidencia solamente por clasificarlas de alguna manera. Otros dirán que los árboles evolutivos sólo son un diagrama que sirve para mostrar la supuesta evolución, pero volvemos a lo mismo: los diagramas requieren veracidad, y no imaginación. En un llamado árbol familiar o genealógico, los miembros son de la misma especie y muy relacionados, de padres a hijos, y, aun así, esto únicamente es un símbolo sin pretensión científica, pues los tatarabuelos ya no tienen nada que ver con los tataranietos, o sea, no son ningún tronco o raíz. Los tatarabuelos no son causa de los tataranietos, sino que los padres causan a sus hijos, dado que los seres vivos son individuos independientes, que no requieren de troncos o raíces para seguir vivos, como sucede con los árboles o plantas reales. Una genealogía sólo sirve para saber quién engendró a quién de modo directo y las relaciones solamente son simbólicas, y todo esto bien se puede expresar sin usar la forma arbórea. Los árboles evolucionistas que parten de seres vivos simples (tronco común) que luego se diversifican en millones de formas (ramas), divulgados como pruebas, en realidad son un fraude escandaloso y no se justifican como ciencia.

Todo árbol tiene un orden inherente: inicia como semilla, luego germina, crece a un ritmo y velocidad determinados, para luego empezar a morir. El crecimiento del árbol tiene siempre una dirección y un orden. El árbol de manzanas siempre crece a un ritmo igual a los demás árboles de manzanas. No hay ninguno que crezca tres metros de alto en cinco minutos, sino que a todos les lleva tiempo hacerlo. Es decir, hay un orden. No hay árboles de manzanas que den frutos de papayas o mangos de vez en cuando, sino que siempre son manzanas; es decir, hay una dirección, un principio de finalidad.

Si los árboles reales tienen un orden, un ritmo, una velocidad y una dirección…, ¿de dónde sacan que los imaginarios "árboles evolutivos" tienen un orden, un ritmo, una velocidad y una dirección? Los evolucionistas no pueden justificarlo más que con su gran imaginación conjetural. Además, poner metáforas (como eso de "árboles evolutivos"), propio de la poesía y la literatura, con pretensiones de ciencia, es charlatanería. Una ciencia empírica no necesita demostrar las cosas con metáforas, sino con evidencias fácticas que incluyen experimentación, reproducción y conceptos precisos. Si los evolucionistas dicen que todos los seres vivos vienen de simples antecesores comunes, tienen que demostrarlo en laboratorio, no con metáforas y clasificaciones arbitrarias.

Ahora bien, si se pretenden explicar los fenómenos originales de los seres vivos, sin meter el tema de Dios en ello, necesariamente hay que suponer que todo es debido a fenómenos accidentales o fortuitos (efecto del cientificismo). Sin embargo, lo accidental o fortuito no tiene un Orden, ni un ritmo, ni una velocidad constante, ni una dirección determinada, porque si lo tuviera, ya no hablaríamos de Accidental o "Fortuidad". Más de alguno replicará: ¿por qué si hay un orden y dirección tenemos que pensar en un Dios?: porque si no lo haces tendrás que justificar tu cientificismo y tu ateísmo. La razón es que tal orden y dirección tendrá que venir por alguna causa, que no será otra cosa que las potencias de la Materia y las Energías (idea materialista). Si se cree que la Materia y las Energías tienen la propiedad de ordenar y direccionar a los seres vivos, tan de modos asombrosos que cualquiera puede constatar, sin requerir ninguna inteligencia ni conciencia superior, será cosa de fe y deificación de estas entidades amorfas. Por lo tanto, intentar conciliar la contradicción entre el ordenar-direccionar y lo accidental-fortuito es cosa fuera de lo razonable y un absurdo.

En el imaginario evolucionista, se cree que la vida apareció fortuitamente y de modo espontáneo. Luego piensan que una vez aparecida la vida ya cobrará una "dirección" y un "orden". Los siguientes supuestos abiogenéticos no lo dicen los evolucionistas, por la simple razón de que ni siquiera se les ocurrieron, van más allá de sus dogmas evolucionistas, basta con leer

El origen de la vida de Aleksandr Oparin. En esta dirección y orden están sus supuestos:

1. El origen de la vida únicamente será una sola vez, y no en innumerables orígenes independientes de la vida.
2. La vida se va a diversificar inmensamente. (Como si no bastara una sola, o pocas formas de vida).
3. La vida tiende a adaptarse y luchar por sobrevivir. (Bien podría haber aparecido y luego desaparecer, pero no; una vez aparecida, la carrera se ha iniciado y no se detendrá).
4. La vida hará derroche de creatividad en sus formas o diseños.
5. La vida se autoperfecciona, nunca será caótica.
6. La vida cobrará "memoria", pues desde las primeras formas de vida hasta las actuales y las del futuro, se compartirá la misma información genética que se irá heredando una y otra vez; y si hay alguna variación, se guardará también en la "memoria evolutiva". (¿Pueden los átomos guardar memoria Transformista?, o, entonces, ¿dónde?).
7. La vida tiende a crear individuos, es decir, que cada ser vivo es único en algún sentido; no habrá copias exactas.
8. Se formarán seres con sexos distintos para que se puedan reproducir o fecundar y deberán atraerse para que les apetezca el coito o apareamiento.
9. Todas las formas de vida formarán parte de un sistema interdependiente que requiere ser equilibrado. Todas tendrán una función.

10. Sólo hay un tipo común de ser vivo: frágil, mortal, con necesidades alimentarias y de supervivencia. (Se podrían haber creado seres poderosos que vivan millones de años, pero no).

11. No hay marcha atrás, todo es hacia adelante. (Podría haber retrocesos o involuciones, o bien desarrollos absurdos, pero no).

Pueden ser más de estos once puntos, pero basten con esos para señalar que, si el Evolucionismo tuviera honesta pretensión científica, tendría que evaluar rigurosamente si sus conjeturas coinciden con estos supuestos.

El truco de los evolucionistas es adecuar la realidad a sus conjeturas, cuando lo correcto es evaluar las conjeturas frente a la realidad. Si no se adecuan las conjeturas a la realidad, hay que rechazarlas; pero cuando la realidad se adecua a las conjeturas, entonces es una manera tendenciosa de manipular la información. Es decir, los evolucionistas parten de lo obvio, de lo observable, de lo que siempre se ha sabido (como los puntos atrás enumerados), y de allí declaran sus conjeturas sin arriesgar nada. Parten de demasiados supuestos y arman más supuestos divulgados como verdades. No arriesgan nada, porque, así como se manifiesta la vida, así se acomodarán sus conjeturas; así como sean los fósiles, así los acomodarán a sus arbolillos imaginarios; así como sean la herencia y la Genética, así las acomodarán a sus conjeturas; así como se comporten y adapten a las circunstancias los seres vivos, así juzgarán que se acomodan a sus maquinarias evolutivas; así parezca que las observaciones van en contra de sus hipótesis, así las volverán a reformular para que se acomoden a modo; así tengan la forma que tengan los seres vivos, así formarán sus castillos en el aire evolutivos.

Así es como se fabrican los cuentos fantásticos: se parte de las realidades y luego se acomodan a las nuevas ficciones del escritor, y hasta se pueden pasar por verdaderos. Lo correcto sería primero armar la hipótesis y ponerla a prueba para saber si se adecua o no a la realidad, y no ir adecuando la realidad a su hipótesis, que es tan cambiante y arbitraria como veleta. Una actitud intelectual honesta procede proponiendo una hipótesis y luego ha de analizar si su hipótesis coincide con la realidad, y no hacer que la realidad coincida con la hipótesis. Ya veremos que la hipótesis evolucionista no coincide con la realidad, pero los evolucionistas se han encargado de aparentar y forzar que la realidad coincida con sus conjeturas.

Por ejemplo, si somos estrictos con la hipótesis abiogenética, en la que se basan los evolucionistas, esta no coincide con que haya un solo origen de la vida; coincide un solo origen con la idea religiosa, pero no con la atea. La idea abiogenética atea coincide con que sean innumerables orígenes independientes y en distintos tiempos. Si la Materialidad contiene las potencias de generar vida, lo haría innumerables veces, y más, cuando las condiciones sean más favorables, como lo es hoy. Si hubiera habido o acontecieran innumerables orígenes de la vida, el postulado evolucionista de que las Semejanzas son pruebas de la evolución, como las semejanzas genéticas y morfológicas, caería por completo, pues la independencia de cada origen desconectaría totalmente a los seres vivos en sus semejanzas. ¿Por qué deberían tener las mismas semejanzas los que se originaron en distintos lugares y tiempos? Si, al menos, los evolucionistas fueran coherentes, guiarían correctamente su imaginación y pondrían en duda sus conjeturas.

Según la hipótesis evolutiva: ¿de dónde sacaron los evolucionistas que el origen de la vida únicamente se daría una sola vez y no repetidas veces? ¿De dónde sacaron los evolucionistas que la vida debería diversificarse? ¿De dónde sacaron los evolucionistas que la vida puede hacer derroche de creatividad en sus formas? ¿De dónde sacaron los evolucionistas que la información hereditaria se debe transmitir? ¿De dónde sacaron los evolucionistas que debe haber individuos con su respectiva originalidad? ¿De dónde sacaron que la vida tiene marcha hacia adelante? ¿De dónde sacaron el orden y la dirección que hay en la naturaleza? En realidad, son preguntas que nunca se hacen los evolucionistas, porque son preguntas que llevan al filosofar y a reconocer el fraude de su creencia.

Hablar del origen de la vida no es un tema de biólogos, sino de filósofos o teólogos. Por eso, la discusión está entre los que saben que es necesaria una Deidad, contra los que consideran que no lo es, y eso sólo se discute en lo filosófico o teológico. Cuando los biólogos o los químicos dan sus hipótesis de cómo suponen que se originó la vida, sin intervención de ninguna Deidad, no pasarán de eso: de hipótesis o conjeturas que salen de su imaginación y nunca harán de eso una ciencia.

Para que pudieran hacer una ciencia, tendrían que reproducir el origen de la vida desde la sola materialidad, sin manipular ningún ser vivo actual, y luego, esperar que se formen seres vivos iguales o distintos a los conocidos. Sería otra línea de creación de seres vivos, independiente de los que dio la naturaleza sola. No sería manipulación de seres vivos, sino volver a reproducir las circunstancias que supuestamente hicieron que apareciera la vida y luego su diversidad, dada por la supuesta evolución de la materia. Por supuesto, esto es imposible, así que no se puede hacer una ciencia de lo falso. Tienen muchas hipótesis de cómo imaginan que se originó la vida, opuestas unas de otras, pero, como ya dijimos, esto no es ciencia, sino simples conjeturas sacadas de la imaginación. El pretexto para no poner en experimentación sus hipótesis es, principalmente, que eso sólo se daría en millones de años, pero ya veremos más adelante, que el tiempo únicamente es una excusa inexcusable.

Si la materialidad tuviera la propiedad de generar vida por sí sola, entonces no habría un solo origen de la vida, sino innumerables, y acontecerían en todo momento. Los creyentes en que no es necesaria ninguna Deidad, sino en que la Materia tiene propiedad de generar vida, hacen saltos de fe enormes y absurdos, como el pensar que las circunstancias del origen de la Vida deben ser extremas y drásticas, cuando tales circunstancias lo harían más imposible. Entonces, si la materialidad tuviera la propiedad de generar vida por sí sola, lo posible sería que el origen de la vida se repitiera una y otra vez, y que diera sus ficticios árboles evolutivos inmensas veces, todos, además, con distintas raíces o herencias; lo que significaría que la supuesta evolución no tendría los mismos "antecesores comunes", sino innumerables, y que produciría seres vivos con formas distintas a las conocidas. En lenguaje evolucionista: habría distintos e innumerables árboles evolucionistas, y no uno único. El truco evolucionista fue, por tanto, adecuar la realidad de que hay un solo origen de la vida y de que todos comparten ciertas semejanzas.

Si los evolucionistas buscaran ciencia, intentarían repetir todos los pasos desde el supuesto origen espontáneo de la vida por las propiedades de la materia y las energías, para luego demostrar que pueden "evolucionar". Si tuvieran éxito sus experimentos e hicieran generar espontáneamente seres vivos y que estos evolucionaran, y los repitieran una y otra vez, entonces, y sólo entonces, tendrían ciencia. Pero claro que carecen de tal ciencia, porque no hay manera de reproducir el prodigio. No hay ciencia de cómo crear seres vivos. Se podrán manipular los existentes, hasta cierto punto, pero nunca crearlos. Para ser claros: la vida es un prodigio, y los prodigios únicamente los hace Dios.

¿Tiene la propiedad la materialidad, o más concretamente, lo que se conoce como los átomos y las energías, de producir vida por sí sola, debido a eventos fortuitos? Quien diga que sí, lo hará como un acto de fe y asumiendo que la Materia es Todopoderosa en potencia y en acto, porque no sólo se trata del origen de la vida, sino de que se mantenga a cada instante en todas sus formas. Esto es pensar que la Materia y las Energías, ciegas y carentes de inteligencia, hacen posible el Orden y la Dirección de la Vida, desde el principio hasta el fin de cada ser vivo, y todavía guardando memoria y haciendo que se reproduzca. A la creencia de que somos efecto único de la causa material se le llama Materialismo, que es al que se le vino a integrar el evolucionismo, complementando la ideología de corte ateo. No en vano, Karl Marx aplaudió con alegría la hipótesis evolucionista, así como lo hicieron tantos ateos posteriores.

Ahora bien, los seres vivos son posibles por el movimiento, pero no cualquier tipo de movimiento, sino el ordenado y direccionado hacia ser un ser vivo y cada uno con su forma y particularidades. Pero ¿de dónde procede ese movimiento?, ¿es interno o externo?, ¿viene de las partes, que les llaman átomos, o viene de algo fuera del sistema? En los seres vivos, ¿el todo es por la suma de las partes o no basta tal suma? ¡Por supuesto que no basta!

Daré un ejemplo para que se comprenda mejor: en la formación de una casa, nadie espera que se sumen las partes espontáneamente, pues hace falta algo fuera del sistema (el constructor), que venga y reúna las partes con orden y dirección, para construir con arte la casa. Las partes tienen propiedades (movimientos) necesarias para que sea posible la casa, pero la casa no se construirá sola, sino que requiere de un constructor que mueva las propiedades y forme la casa. No cabe aquí, por ende, ninguna causa accidental o fortuita, para que, sin constructor, se construya o forme una casa. Es simplemente imposible, así pasen millones y millones de años. En este caso, se requiere una causa inteligente (el constructor, como causa eficiente) para que las partes formen el todo (la casa). En los seres vivos, que son inmensamente más complejos que una casa, ¿no se requiere una Causa Inteligente? Sabemos que es necesaria, pero ya dijimos, el Evolucionismo, integrado al Materialismo, viene a suponer y a creer con fe que bastan las causas accidentales, sin intervención de ninguna Deidad, para que todo lo que contiene el Cosmos sea posible, incluidos los seres vivos y su supuesta primera aparición espontánea y su evolución y diversificación arbórea.

Se supone que tales causas (movimientos) accidentales tienen la propiedad de generar la vida en toda su diversidad, pero eso, si es que pretende ser conocimiento científico, se debe demostrar. Empero, ¿se puede demostrar que la vida apareció espontánea y accidentalmente por las solas propiedades materiales, y luego evolucionó a la diversidad conocida? No se puede demostrar algo que es falso y pasar a algo verdadero.

Por supuesto, una demostración científica de las ciencias empíricas no se demuestra con conjeturas, ni hipótesis, ni imaginaciones, ni con arbolitos ficticios, sino con evidencias patentes, observables, experimentables, reproducibles y predecibles. Se requeriría recrear las imaginarias condiciones climáticas y químicas que supuestamente generaron las primeras formas de vida.

Se complica el asunto cuando ni siquiera se ponen de acuerdo dónde, cómo y cuáles fueron las condiciones. Hay muchas opiniones. Oparin mencionaba algunas que van desde charcos sulfurosos, vapor de agua, fuentes termales dentro del mar, hasta origen extraterrestre, entre otras tantas. No analizaremos cada una de estas opiniones, pues no hay necesidad, cuando basta saber que no se puede reproducir lo que se desconoce o está fuera de las posibilidades. Se requeriría tomar lodo, hierro-sulfuro, vapor, meteoros o lo que se les ocurra, para imitar las condiciones imaginarias que hacen que se generen las primeras formas de vida, procurando, claro, que no haya simientes de seres vivos actuales o bacterias.

Hay un grave problema, pues se supone que las condiciones actuales no pueden generar vida hoy, sino que tienen que ser las remotas, de hace más de cuatro mil millones de años o más, que es a donde les ha apuntado su imaginación. Con esto, ya se cerraron la puerta para experimentar con seriedad. ¿Cuál es el motivo que les impide pensar que las condiciones actuales no pueden generar vida espontáneamente, cuando son más nobles para la vida?... La principal razón es que, si lo reconocieran, se les caería el teatrillo, porque si así fuera, como ya lo hemos dicho (suponiendo que lo inerte tiene la propiedad de generar vida y hacerla evolucionar), no habría los mismos antecesores comunes para todos, sino innumerables, y ni siquiera tendrían que coincidir en sus formas o similitudes, como hoy las observamos. El hecho de que los seres vivos compartan formas, comportamientos y genéticas similares habla de una misma Creación y socava los supuestos evolucionistas.

Sabemos que un ser vivo es un todo compuesto de partes. A las partes que forman una unidad material mínima se les llaman átomos (hablar de partículas subatómicas no vienen aquí al caso). Ahora bien, desde la creencia materialista, según Sausgruber, los átomos serían los que forman los Todos (seres vivos), gracias a las propiedades de las unidades atómicas, que se suman e interactúan entre ellas y algunas fuerzas y energías externas, como la energía solar, la Gravedad o el electromagnetismo, y de allí se supone que se puede explicar cada ser vivo. Para el materialista, si en este momento estoy vivo, no es gracias a un Ser Superior que así lo ha dispuesto, sino porque tales átomos, fuerzas y energías están haciendo posible que yo viva y piense que estoy vivo. Ante esta creencia de fe materialista, nos preguntamos: ¿de dónde sacaron los materialistas que las partes forman el todo por sí solas? En el ejemplo de la construcción de la casa, el agente inteligente (constructor) es el que reúne las partes para formar el todo, y no hay manera de que por azar o casualidad se forme una casa (se ordenen los átomos en forma de casa bien dispuesta) sin el constructor inteligente. Valga la comparación, dado que tanto la casa como un ser vivo son compuestos de átomos. En realidad, esto lo sacaron de la imaginación y de la fe materialista. Los átomos no pueden ordenarse por sí solos para formar un cuerpo u organismo complejo, mucho menos vivo. Algo fuera de la actividad atómica los organiza y hace posible que sean seres vivos. Pongamos de ejemplo a los átomos de hidrógeno, de los que se dice que son los más abundantes tanto en el planeta como en los mismos seres vivos. Aunque sabemos que la materia es maravillosa, no esperamos que estas unidades mínimas materiales tengan propiedad y potencia de hacernos posibles, como no tiene propiedad la arena de formar una casa. Por más que se le agregue al hidrógeno oxígeno, carbono, calcio, nitrógeno y demás compuestos materiales que forman un cuerpo vivo, hacernos es imposible. Por más que se sume arena, agua, hierro, rocas y demás materiales que componen una casa, no la van a hacer posible. La suma de materia únicamente da más materia. Si juntáramos los componentes químicos que tiene un ser vivo, y los mezcláramos, los manipuláramos e intentáramos conformar un ser vivo, a lo más sólo conseguiríamos un tipo de lodo.

Los elementos materiales están tanto en los entes no vivientes como en los vivientes, y no son individuos. No pensamos que el agua sea un individuo, sino una multitud de moléculas. Lo mismo aplica para cualquier elemento material. Sin embargo, los seres vivos son individuos; la materia, entonces, no es causa de individuación, sino necesariamente un espíritu o alma. El conocimiento de los antiguos pensadores sobre la existencia del espíritu o alma sigue y seguirá siendo sensata y real.

El movimiento que hace que los átomos se ordenen en individuos y hagan posible la vida no responde a causas exclusivamente materiales. Si la materia no puede generar la vida por sí sola, tampoco la puede hacer evolucionar; es más, ni siquiera es capaz de mantener un ser, vivo, en ningún instante. Si hay vida, no es gracias a los átomos, sino al Movimiento que hace posible que se unan, ordenen y direccionen en vida. Por lo tanto, la conjetura de que la vida se originó espontáneamente hace millones de años por causas azarosas y luego evolucionó es simplemente falsa y creencia de necios.

Con el tema del Movimiento y la evaluación ante este, la Evolución ha salido tachada y refutada.

Tiempo y movimiento
Dice un postulado evolucionista expuesto por Chardin en *El grupo zoológico humano* (España, 1967, p.p. 70-71):

"La vida se originó hace millones de años y la Evolución es cosa que necesita tiempo para ser posible; entre miles o millones de años. La evolución del mono al hombre es cosa que tomó millones de años".

Obsérvese que los evolucionistas toman el Tiempo como si fuera un cocinero. Un cocinero requiere "tiempo" (en sentido cronológico) para desarrollar sus platillos, para que se cuezan los alimentos, también para innovar nuevas recetas y mantenerlas en su memoria. Entonces, la Evolución, como la entiende el evolucionista, requiere "tiempo" para que se vaya dando la biodiversidad, para innovar nuevas formas de vida y guardar la memoria de todos, para que sea heredada de una generación a otra, pues aquel cree que hay una conexión (memoria) entre la primera forma de vida y todas las demás hasta las actuales. ¿Es correcta esta idea del Tiempo?: ¡claro que no! Veamos por qué.

Un cocinero es un ser inteligente, con capacidad creativa y con memoria; el Tiempo, en cambio, no es una cosa ni inteligente, ni creativa, ni tiene memoria. Efectivamente, un cocinero necesita tiempo cronológico para preparar sus platillos; necesita, tal vez y por decir cualquier cifra, dos horas para preparar un pavo relleno, pero no necesita de una fuerza llamada Tiempo para hacer su labor, que es distinto. Esto último lo sabemos todos, pero, en lo teórico, el evolucionista esto no lo considera, ni lo había pensado y, no obstante, en la práctica así es como piensa el Tiempo, como si fuera un cocinero. No se ha comprendido lo que es o no es el tiempo.

Hay básicamente tres formas de entender el tiempo:

1. Como cronología o duración. Se trata de formas de medir y sumar la cantidad de momentos que forman un evento. Por ejemplo, la medida de lo que dura un día en 24 horas o un año en sus 365 días con el conjunto de eventos o ciclos climáticos. Por eso, se preguntan cosas como: ¿cuánto tiempo tarda el viaje en avión del punto

A al punto B? ¿A qué velocidad viaja la luz? ¿En qué tiempo sucedió X acontecimiento? Es generalmente la idea que usan los físicos, el común de las personas y varios filósofos.

2. Como sentido histórico. Se refiere al sentido del pasado, presente y futuro de los acontecimientos. Es una forma de entender los acontecimientos en torno a lo que sucede en el momento, pues cada acontecer tiene un precedente y va hacia adelante; es lo que le llaman "la flecha del tiempo". Se preguntan cosas como: ¿en qué año se descubrió la penicilina? ¿Me puedes contar el pasado de este sujeto? ¿Se está agotando la energía solar? (Tanto la primera como esta segunda idea son la forma coloquial y, hasta podemos decir, vulgar de cómo se entiende y se emplea el término *tiempo*).

3. Como estado del clima. Es la manera de entender el tiempo como sinónimo del clima. Se preguntan cosas del tipo: ¿cómo estuvo el tiempo (clima)? ¿Me puedes dar el pronóstico del tiempo de los siguientes días?

4. Como un poder o fuerza. Es la idea que nos interesa destacar, dado que, en la creencia evolucionista, el Tiempo es una especie de fuerza o poder que hace creaciones e innovaciones con la materialidad y con la característica de que guarda memoria.

Aparentemente, no hay ningún problema con entender el tiempo: todos sabemos que es real y transcurre. Sin embargo, EN LA REALIDAD, FÍSICA Y METAFÍSICAMENTE, EL TIEMPO NO EXISTE. Tanto la primera como la segunda forma de entender el tiempo son exclusivamente convenciones de medición del movimiento o cambio. Por ejemplo, no se está midiendo cómo transcurre el tiempo que hace que la Tierra tarde 365 días en completar sus ciclos estacionales. Tampoco se mide la cosa tiempo; se mide el Movimiento. No es el Tiempo lo que hace que se mueva la Tierra. No se está midiendo cómo transcurre "la flecha del tiempo", sino cómo se suceden o sucedieron los acontecimientos, gracias a los movimientos que hicieron tales sucesos. Tal "flecha", en la realidad, no existe.

Hablo aquí de "Movimiento" en sentido abstracto y general. Entendamos por movimiento todo aquello que hace que exista el cambio, sea cual sea; sea perceptible inmediatamente o no; sea inherente o provocado por otra cosa; sea accidental o intencional. Todo lo que constituye el Universo tiene movimiento, pues nada en él es inmutable. Por ejemplo, el diamante tiene movimiento, pues en algún momento fue generado y se puede destruir y, además, sus átomos se mueven en sentido de mantenerse juntos, aunque todo esto no lo percibamos.

El Tiempo no es ninguna energía o fuerza que emane de algún lado. Toda fuerza o energía tiene su fuente de dónde emanar y el Tiempo no emana de ninguna parte; claro está, que tampoco es algo material o ente físico. Por lo tanto, el Tiempo en la realidad física no existe. Las horas, los minutos, los siglos, los lustros, las eras, etcétera, son convenciones humanas de medida del movimiento entre un antes y un después, como bien lo decía Aristóteles.

Lo que hacen los físicos y los historiadores no es medir o estudiar el Tiempo, sino el movimiento en forma de cambios, de fenómenos o de acontecimientos. Es incorrecto, aunque común, decir cosas como: "vamos a estudiar lo que ha ocurrido en el tiempo pasado", dado que lo correcto sería expresarnos como lo que es: "vamos a estudiar los movimientos del pasado". Si el tiempo no existe en la realidad física, sino que es una convención de medida del movimiento, entonces no hay necesidad de especular sobre el tiempo, sino sobre el Movimiento. Las preguntas importantes son: ¿por qué es el Movimiento de tal manera? ¿Por qué es el Orden? ¿Pueden los movimientos caóticos y accidentales producir orden y complejidad? ¿De dónde emanó el Primer Movimiento?, etcétera.

Todo movimiento requiere de energía para ser posible; nada se mueve o mueve a otro sin energía. Digo "Energía" en sentido abstracto y general, como cualquier tipo de fuerza que mueve o tiene la potencia de mover. La Energía es lo que provoca el movimiento, pero sabemos que hay muchos tipos de energía. Aunque la energía tenga su fuente, no necesariamente la energía producirá orden, dado que también puede generar desorden o caos. Entonces, para que la energía dé un movimiento que genere orden es preciso que sea guiada por algo, de otra manera producirá desorden o caos. La vida requiere un movimiento ordenado, o no sería posible. Puede que haya algunos desórdenes aparentes o accidentes fuera de una normalidad, pero eso es parte de la vida. En sentido general, la vida es un movimiento ordenado y la energía que mueve tal movimiento vital requiere su fuente. ¿Cuál es la fuente de la energía que genera la vida?; ¿acaso son las solas propiedades de los elementos químicos? Si los solos elementos químicos no bastan, entonces, ¿qué tipo de Energía es necesaria?

Veamos si bastan los elementos químicos; veamos si la conjetura de la evolución en su versión materialista y atea se justifica. Reconozcamos, en primer lugar, que es evidente que los elementos químicos constituyen la vida y que están en estrecha relación con otras fuerzas y energías, como son el magnetismo, la electricidad y la energía solar. El punto ahora es ver si bastan estas cosas para que la vida sea posible. Efectivamente, la materialidad constituye una casa, pero la casa no es posible por las solas propiedades de la materialidad. Si una casa no es posible por las solas propiedades de la materialidad, así pasen millones y millones de años, ¿de dónde sacaron los evolucionistas que los seres vivos, que son inmensamente más complejos que una casa, son posibles por las solas propiedades materiales, gracias al poder de los *Millonesdeaños*? Obviamente, lo sacaron de su imaginación. Si realmente las solas propiedades materiales pudieran generar a los seres vivos, nada impediría que se repitieran una y otra vez orígenes espontáneos de la vida, y hasta los humanos con su inteligencia podrían intervenir para acelerar el proceso. Esa idea de que una vez despertada la vida, ya la bola se echó a rodar una sola vez y no parará hasta dar toda la biodiversidad y hacer derroche de creatividad en formas, tamaños, texturas, comportamientos, colores, inteligencias y demás, gracias a las propiedades materiales, con el único requisito de que transcurra el Tiempo, definitivamente es algo que no tiene justificación racional ni científica. Ni siquiera los físicos consideran posible que todo apunte al mayor orden de las cosas, hasta reconocen que hay constantes que apuntan a lo contrario, como la segunda regularidad de la termodinámica o la idea de entropía y el desorden molecular constante.

Creen también, y gracias a su gran imaginación evolucionista, que, si en el Cosmos se encontraran otros planetas con condiciones similares a las de la Tierra, con agua y atmósfera adecuadas, también hallaríamos vida y evolución de ella, hasta seguramente más desarrollada que la nuestra, si la Vida de aquel presunto planeta hubiera iniciado antes que en el nuestro. ¿Observan que estos confirman que creen con fe en las propiedades materiales y creen también en una especie de Tiempo Poderoso productor de la Evolución? Y para que quede asentado que su imaginación es ilimitada, todavía imaginan a seres vivos, no iguales a los de la Tierra, pero sí semejantes: con ojos, miembros, órganos, cerebros, colores, con capacidad de reproducirse, alimentarse y mutar a nuevas formas... ¡Uf! Como si ya estuvieran inscritas en la materialidad y las fuerzas naturales las características de la Vida; como si ya estuviera algún tipo de semillas predispuesto a la vida por todo el Cosmos... Su fe materialista es muy grande, tanto como su imaginación.

Ya vimos atrás que el Tiempo es mera excusa de los evolucionistas, pues no es semejante a un cocinero, que requiere su duración para preparar los platillos y sus innovaciones (para que se cuezan las formas vivientes y sus innovaciones): ni existe en la realidad física. Una casa no se formará sola, así pasen millones y millones de años y estén disponibles todos los elementos materiales necesarios. Empero, los evolucionistas materialistas, contra toda racionalidad y lógica, creen que, si todos los elementos materiales necesarios a los seres vivos están disponibles, no hay ningún impedimento para que se genere la vida espontáneamente y con toda su diversidad. Es decir, para ellos tiene más posibilidad que se genere el constructor de casas que las casas mismas, cuando estas últimas son inmensamente más simples. Creen con mucha fe que, si todo está dispuesto, es cuestión de que el Poder-Tiempo haga su magia-material para que la vida sea posible, y hará innovaciones de nuevas e innumerables formas sin detenerse mientras algo fuera de ello no lo impida.

Desde las ideas ateo-materialistas, no existe la animación de la materia por parte de un alma inmaterial como esencia de un ser vivo. No hay "alma o espíritu", sino únicamente átomos interactuando y reaccionando entre ellos. En otras palabras, la vida, para los materialistas, solamente es un tipo de estado de la materia, como hay muchos más. Los químicos en mezcla, los gases reaccionando, las fuerzas y energías influyendo y la Vida…, todos son estados materiales para los atrás mencionados. Ahora bien, si todo constituye átomos, fuerzas y energías, sin inteligencia, voluntad ni finalidad, ¿cómo son posibles los seres vivos? Si no hay alma que anime y ordene a la materia para que sean posibles los seres vivos, ¿cómo es que hay el orden-vital? Si los materialistas tienen fe en que son los átomos, las fuerzas y las energías las que hacen posible el orden-vital, esto es como creer con fe en que son la arena, el hierro, el cristal, las piedras y demás lo que hace posible el orden-casa. Sin embargo, el orden-casa no es cosa de que transcurra el tiempo, pues pueden pasar millones y millones de años, y jamás aparecerán casas por las solas propiedades materiales. Del mismo modo, así pasen millones y millones de años, los átomos no pueden generar el orden-vital ni tampoco hacer innovaciones de formas en los seres vivos.

Con el análisis de lo que es y no es el Tiempo y la ausencia de su participación en la Evolución, hemos refutado el Cuento Evolutivo.

Sobre la versión evolutiva religiosa

Hasta aquí, hemos demostrado que la versión evolucionista atea, naturalista o materialista (como lo quieran llamar) simplemente es imposible. No es ciencia, sino cosa de fe absurda, sin fundamento lógico ni filosófico. El Poder-Tiempo ha sido descartado como el motor principal de la Evolución, porque simplemente no existe. Creer en esto o en la existencia del Padre Tiempo Cocinero es lo mismo.

Tenemos, por otro lado, la creencia de que la Evolución es el modo en el que Dios ha formado su creación. Esta es la idea de muchos creyentes religiosos que creen en sus dioses y en la veracidad de sus textos sagrados, pero miran estos últimos como escritos metafóricos o simbólicos que narran el origen de la vida, y, en cambio, ven el Cuento Evolutivo como la versión científica o de historia real de cómo es que aparecen los seres vivos. Para ellos, Dios le ha dado a Lo Físico la potencia de producir los seres vivos y también los ha animado por medio de la evolución.

Esta era la intención original del mismo Charles Darwin, que para nada pretendía negar la existencia del Creador, al menos no en el texto de *El origen de las especies,* que hasta reconocía que la vida no era posible sin su poder, dada su gran complejidad. No obstante, esto no se puede debatir desde las ciencias experimentales, sino solamente a nivel teológico o filosófico. Por ende, esta versión, que podemos llamar "creacionista-evolucionista", está fuera de las ciencias empíricas, y lo relevante no será divulgar la fase evolucionista, sino su creacionismo como lo principal. En otras palabras, lo trascendente sería defender los dioses como autores de la supuesta evolución y no tanto los pormenores de cómo se imaginan que evolucionaron las especies. Será ridículo que un "creacionista-evolutivo" se ponga a discutir con un religioso que tome el origen de la vida que narra su texto religioso de forma literal, dado que el punto importante ha sido salvado: la existencia del prodigio de la vida, obra de los dioses, y no de la casualidad. Si con alguien ha de discutir el "creacionista-evolutivo" será con los "evolucionistas-materialistas ateos", a menos que quiera discutir a nivel teológico interreligioso.

Las versiones creacionistas (entre ellas está la evolucionista), es decir, de cómo se cree que se formaron los seres vivos, siempre serán asuntos de fe, porque, en realidad, nadie puede saber con exactitud el cómo, el cuándo y el dónde aparecen los seres vivos; esto solamente el Creador puede saberlo, por eso es por lo que se recurre al mito, para que nosotros los humanos podamos entender lo necesario de tan insondables misterios. Lo que hacen los evolucionistas no es más que un remedo de mito cosmogónico, pues como todo mito, parte de la realidad observable y de allí trata de dar una explicación a los acontecimientos. Un mito puede decir que hay un dios de los rayos y otro que mueve los planetas y estrellas, y por ello el orden y su fenómeno imponente. Los evolucionistas podrán decir que está la Evolución y la Naturaleza poniendo orden e innovación, sólo les falta decir que son un tipo de diosas. Si se agregara la palabra *diosa* Evolución o *Diosa* Naturaleza, se acomodaría perfecto a su modelo. Dicen, por ejemplo, que la [Diosa] Evolución le ha dado al elefante un tipo de mano en su trompa, al funcionar casi como tal... ¿Ven cómo es que la palabra *diosa* se acomoda muy bien? El evolucionismo es un remedo de mito, aunque no sea reconocido como tal.

Repito: Nadie puede saber con certeza cómo, cuándo y dónde el Creador crea sus creaturas, por lo que solamente quedan la fe y las metáforas míticas. Lo único que se puede saber con certeza y razón es que la vida es un prodigio, y los prodigios son propios de la Deidad, sea como haya sido. Sin embargo, no todas las ideas al respecto son válidas, pues algunas guardan mayor coherencia, lógica y sentido, por lo que se puede distinguir lo que es falso, como el Cuento Evolutivo. La razón no puede acceder a la verdad de cómo fue la Creación, pero sí se puede saber lo que es falso.

Y como la versión creacionista-evolutiva solamente es una versión más creacionista, entre otras, dejemos que los teólogos interesados en discutir este tema lo hagan entre ellos. Por tanto, una vez puesto en evidencia que la versión evolucionista-materialista es falsa, y que la versión creacionista-evolutiva es tema teológico únicamente, ha quedado fuera de las ciencias empíricas. Eso de que la patraña evolucionista es ciencia biológica, incluso la columna vertebral de la Biología es mera palabrería falsa.

Con la exposición de la versión creacionista evolutiva como un falso mito más queda refutada la Evolución.

El hipotético individuo de millones de años de vida

Dentro de la imaginación evolucionista, están los supuestos ya antes dichos, como el que los individuos, "en el transcurso de millones de años", de ser simples pasan a ser más complejos; de tener una forma, mutar a otra generando diversidad de seres vivos. Supone esta imaginación que, gracias a la reproducción entre ellos, se van transmitiendo información genética que los hace mejores o distintos que los antecesores, aunque no sea de modo perceptible a simple vista, sino únicamente comparándolos ya en miles o millones de años. Es decir, de una generación a otra no se pueden notar cambios sustanciales, pero sí cuando pasan algunos miles o millones de generaciones, cambios como el cambio de ambientes o climas, de alimentación, de competencia por sobrevivir; cambios accidentales sobre el uso y desuso de miembros y órganos, de la lucha por seleccionar con quién reproducirse, y la diversidad que se va generando por la suma de estos factores transmitidos de una generación a otra; porque también se supone que todo eso se va acumulando y memorizando en los genes, es lo que haría que las especies se transformen de unas formas a otras esencialmente distintas.

Hay que aclarar que no trata la Evolución de, por ejemplo, cómo se van dando las diferencias de razas de perros o humanos, por la mezcla de diferentes tipos de razas perrunas o humanas. No se duda de que el ambiente y todos los factores atrás mencionados influyen en el fenotipo y genotipo hasta cierto punto, pero sólo hasta cierto punto, dado que lo evidente es que, hasta ahora, los perros no dejan de ser perros, ni los humanos dejan de ser humanos, por más que se vayan diversificando en razas por tanta mezcla. Han pasado miles de años, y no se ha observado ningún tipo de evolución: cada animal sigue perteneciendo a su misma especie, es decir, en miles de años no se observa la evolución. Por poner cualquier cantidad, en seis mil años las especies han evolucionado "cero por ciento". Si seis mil años equivale a cero, lo que se multiplique por cero es igual a cero. Por ello, quienes digan que la diversidad generada dentro de la especie ya es Evolución es gente que no ha comprendido lo que es la Evolución. Pongo de referencia seis mil años de existencia de los humanos (porque es lo que consta que existen humanos sobre la Tierra según registros históricos). Cuando los evolucionistas dicen que ya había humanos desde hace 300 mil años, sólo se puede sustentar con imaginación, y muy absurda, por cierto.

Efectivamente, se puede planear la intervención intencional del humano para tener un tipo de perro. Supongamos que queremos un perro fuerte, grande, pero a la vez noble de carácter y con pelaje corto café, o las características que sean... Bastaría con seleccionar y cruzar algunas razas de perros disponibles, tal vez hasta haciendo un poco de ingeniería genética o inseminación artificial, seleccionar a los que nos sirvan para este fin, para que se logre la raza planeada desde el principio. Esta es la idea principal darwiniana de selección artificial con la que Darwin hizo su trampolín al vacío de selección "natural", que supuestamente generó no la diversidad de razas, sino de especies. Pero, para ser fácticos, la mezcla de razas, que cualquiera las puede provocar, no genera diversidad de especies, sino sólo diversidad de razas. Darwin creyó que la selección artificial era análoga a la selección natural, y que ambas eran lo que provocaba el cambio de especie. El salto de cambio de raza no es igual al salto de cambio de especie. El salto de raza a raza no es evolucionar, dado que cada reproducción lo sería, sino que sería evolucionar el salto gradual de una especie a otra especie distinta, cosa que no se ve, ni se puede demostrar, únicamente se puede hacer maquinarla con imaginación y falsas pruebas.

Entonces, buscamos la imaginaria manera en que una especie se va transformando de una especie hacia otra distinta y no cómo se reproduce. La reproducción no sería un mecanismo de evolución, sino otros mecanismos. Por ejemplo, en la imaginación evolucionista, se construyó la idea de unas especies simiescas, después de las cuales vino el ser humano como lo conocemos. Tales especies simiescas se representan como una especie de simio-hombre, peludo y con forma de gorilas humanizados.

Pensemos ahora para ser concretos en un punto: la pérdida de pelo corporal. Los mecanismos que llevaron a la pérdida de pelo corporal, aunque los evolucionistas nunca los han puesto en claro, ni les interesa demostrarlo por vía experimental, podemos sugerir que fueron el clima, la alimentación y modificaciones genéticas accidentales. Nada impediría que una especie de simio (un imaginario antecesor de los humanos) pierda el pelo progresivamente a causa de los mecanismos mencionados. Imaginemos que tal especie de simio, que está perdiendo el pelo, pudiera vivir no treinta años, sino treinta millones de años. El fenómeno de pérdida de pelo continuaría si el clima, la alimentación y lo accidental continuara forzando a que tal simio pierda el pelo, sin meter la reproducción. En algún momento el simio con tendencia a quedarse pelón terminaría siéndolo. Lo mismo podemos decir del desarrollo cerebral y modificación de sus órganos y extremidades. Supongamos que este hipotético simio de millones de años de vida ha perdido el pelo, ha modificado sus órganos y extremidades y ha aumentado su inteligencia, en dirección a su humanización.

Aunque ya muchos evolucionistas no toman en serio las ideas de Lamarck, el uso y desuso de los órganos se supone que produce su modificación. La típica imagen de la jirafa estirando el cuello para alimentarse de los árboles sería el mecanismo que produjo que las jirafas tuvieran un cuello más largo. Si una jirafa de cuello corto viviera millones de años, su cuello tendría que crecer y crecer si la competencia por el alimento le obligara a estirar y estirar el cuello; estaría de más si se reproduce o no, para que el cuello le crezca. Aunque algunos evolucionistas no acepten las ideas de Lamarck, no pueden sacarlas de sus supuestos, porque el uso y desuso de órganos sería el mecanismo principal de la imaginaria Evolución. Si las han dejado de lado, es porque se dieron cuenta de que no se podían demostrar. Así es como han procedido siempre los evolucionistas: si ya no les funciona una idea, la desechan e inventan un pretexto u otra conjetura. No se necesitaría, por tanto, la reproducción para evolucionar (si es que fuera real), sino que sería cosa de que una especie durara viva lo suficiente. ¿Para qué nos sirve este ejemplo hipotético del individuo de millones de años? Para saber que:

1. Es falso que se requiere el fenómeno de la reproducción para evolucionar. La idea de que la Evolución es cosa exclusiva de la Genética es falsa. Actualmente, está la tendencia de la llamada "teoría sintética de la evolución o neodarwinismo", donde todo lo quieren explicar y centrar en la genética, lo cual es una forma de zafe para no exponer la evolución al escrutinio de cualquiera. Lo quieren disfrazar como si fuera una ciencia genética, cuando no lo es. La Genética es una disciplina independiente de las ideas evolucionistas, por eso no puede haber constantes genéticas de la evolución.

2. En realidad, los evolucionistas no conocen los mecanismos de la evolución, ni les interesa exhibirlos para ser experimentados y puestos a prueba para saber si son reales o falsos, así que me vi en la necesidad de inventarlos yo, pues ellos no los presentan. La excusa principal de los evolucionistas es que la evolución sólo se da en millones de años, y por causas fortuitas, por lo que no puede ser experimentable o reproducible. Si los evolucionistas conocieran los mecanismos evolutivos, podrían tener control sobre la evolución de las especies, especialmente la humana, y direccionarla a su gusto y acelerarla (suponiendo que siempre va al mejoramiento de la especie); pero ya vemos que no los conocen ni les interesa exponerlos a evaluación. Si se les pregunta a los evolucionistas cuáles son los mecanismos de la Evolución, darán generalidades y cosas que parecen explicar todo, pero no explican nada en realidad, como la de

que la Selección Natural, la Deriva Genética, Mutación, Migración, Aislamiento Geográfico, entre otras ocurrencias que no son más que generalidades que se prestan a gran ambigüedad y que no necesariamente están relacionadas con la conjetura evolucionista.

3. Todo el castillo en el aire evolutivo está construido con supuestos y más supuestos camuflados de aparente conocimiento y ciencia, cuando son meras imaginaciones y conjeturas sin demostración.

Con la idea hipotética del individuo de millones de años, la Evolución queda refutada.

Sobre los fósiles

Los fósiles son lo que se conoce como aquellos restos, huellas o señales de seres vivos antiguos y pueden indicar varias cosas mediante su estudio:

1. Su antigüedad
2. Si pertenece a una especie actual o de una especie ya extinta
3. Su hábitat o ubicación
4. Las posibles circunstancias en las que vivió o murió

Como sucedió con las Semejanzas, tampoco los fósiles por sí solos son pruebas de la Evolución. Parece estar de más decir que la existencia de los fósiles no es equivalente a decir que ya porque se encuentren, sean como sean, ya la Evolución es un hecho, pero hay personas que así lo creen y hasta lo divulgan así; es por eso por lo que no está de más aclarar que por sí solos no pueden indicar ninguna Evolución, por eso no está dentro de los puntos anteriores. Se pueden llenar bodegas o museos con toneladas de fósiles, y aun así no confirmarse la Evolución. Es más fácil estudiar las especies actuales y vivas, con suficientes ejemplares, para saber si hay o no Evolución, a estudiar fósiles que en su mayoría son fragmentos, huellas ambiguas o que se prestan a interpretaciones erróneas. Además, sería más provechoso poder tomar las riendas de la Evolución de las especies actuales que darle prioridad a una reconstrucción histórica de dudosa confiabilidad de restos fósiles.

Mañosamente, los evolucionistas, si encuentran un fósil que sea distinto a las especies conocidas, enseguida lo quieren colgar dentro de sus imaginarios árboles evolutivos en lugar de estudiar primero si la antigüedad va en contra de su hipótesis o si solamente se trata de una especie ya extinta. Toda especie alguna vez se va a extinguir, por lo que no necesariamente hay que pensar que va a evolucionar o evolucionó de otra especie.

Si se encuentra un fósil antiguo que indica igualdad o semejanza con las especies actuales, esto atenta contra la hipótesis evolutiva tremendamente, dado que, entre más antigua una especie, indicaría que no ha evolucionado y la evolución se hace más improbable, puesto que se les da menos tiempo (en sentido de duración) a las supuestas especies antecesoras. Hay que sospechar de charlatanería de lo que dicen algunos evolucionistas respecto a que si una especie no ha cambiado en miles o millones de años, es porque no ha tenido necesidad de evolucionar, por eso se ha mantenido sin significativos cambios. Esto es un zafe, un pretexto para no comprometer su conjetura.

En películas, documentales, libros, revistas y demás, los evolucionistas divulgan sus conjeturas y, con toda ligereza y seguridad, hablan de que tal o cual especie tiene no miles, sino millones de años de existencia sin mayor modificación. Por ejemplo, divulgan que la tortuga existe desde hace más de 200 millones de años. Aparte de que esto puede indicar no una evolución, sino una especie más extinguida, no lo ven como posibilidad, tampoco como un problema de que entre más atrás coloquen una especie sin mayor modificación, hacen más imposible la Evolución. Para ellos, si sus métodos de datación y su imaginación les indican que son cada vez más viejas de lo que pensaban las especies, según sus nuevos hallazgos, no importa, sino que, al contrario, más se confirma su conjetura, cuando en realidad la hace más imposible; pero no se dan cuenta.

Hasta a los humanos los echan cada vez más atrás. Hablan de que ya hubo humanos hace 800 mil años y hasta más. En otras ocasiones, dicen cosas que provocan la risa o despiertan lástima, ya que son incapaces de darse cuenta de que están cortando la rama donde están suspensos en el extremo, creyendo que permanecen más seguros. Si al menos usaran un poco el sentido común y considerando la gran biodiversidad habida y actual, así como los factores de extinción y gran resistencia a evolucionar que se observa, y haciendo un poco de matemáticas simples, podrían sospechar que está en problemas su conjetura. Entre más atrás pongan al humano, por ejemplo, eso significaría que tendrían menos tiempo para evolucionar sus especies antecesoras; lo que significa que entre más atrás coloquen a una especie, hacen más imposible el Transformismo. Pero, nuevamente, tampoco se dan cuenta. Ellos imaginan que van viento en popa rumbo al paraíso evolucionista, cuando únicamente están soñando.

No hace falta profesionalismo para ver semejanzas y diferencias de un fósil ni, con la imaginación libre, colgar tal fósil en sus imaginarios árboles navideños evolutivos como un supuesto antecesor común entre una u otra especie. Tampoco se necesita ciencia para rehacer virtualmente un resto fósil y recrearlo tal y como se podría haber visto, al fin y al cabo, basta la imaginación, que no tiene límites. Por ejemplo, de una muela o trozo de cráneo humano o de simio extinto, fabricar un monigote mono-hombre en bulto y nombrarlo *Homo habilis*, para luego divulgarlo, hacer fiesta y ponerlo luego en un museo; lo que se necesita es arte y mucha gracia, no ciencia. Y como esto no puede constatarse, pues queda la fe en estos artistas, para creerles todo lo que divulguen o exhiban.

Ya están documentados varios fraudes de supuestos fósiles que por años se expusieron y divulgaron como especies antecesoras o "eslabones perdidos" que supuestamente confirmaban la Evolución, y luego resultó que no eran tales, sino que eran una falsa interpretación o una manipulación escandalosa. Por eso, hay que tener mucho cuidado con lo que divulgan estos evolucionistas que muestran fósiles como pruebas de evolución; más vale mantenerse prudentes al respecto. (Recomiendo ampliamente leer el texto de *Fósiles polémicos*, del Dr. Raúl O. Leguizamón).

Aclarado lo anterior, analicemos los cuatro puntos anteriores, para confirmar qué tanta confiabilidad tienen los estudios y hasta dónde pueden llegar los estudiosos de los fósiles.

Sobre la antigüedad de los fósiles

Pueden divulgar los evolucionistas un supuesto descubrimiento de un cráneo o una huella humana, por ejemplo, y decir en tono rimbombante que sus estudios indican que tiene una antigüedad de un millón de años (por decir cualquier número). Tenemos, por lo pronto, dos caminos:

1. Creer lo que dicen sin ponerlo en duda, o
2. Dudar si lo que dicen es verdad y analizar si es un posible engaño.

Como no estamos aquí para creer por fe en sujetos particulares, vamos a optar por la parte escéptica del punto 2. Podemos dudar, por ejemplo, de:

1. No estuvimos allí el día del hallazgo para saber si son reales. Bien pueden ser hechos de yeso, pasta o cualquier otra cosa; reconstrucciones abusivas y hasta manipulaciones con tecnología. Esto parece exagerado, pero eso no quita la parte de fe en los que divulgan estas cosas y que no nos engañan.
2. Aunque fuesen reales, ¿qué nos asegura que realmente sea un "antecesor de" y no una especie más extinguida que no evolucionó, o una especie presente aun, o una

diversidad más, como tantas? No hay manera de saberlo con certeza, más que nuevamente hacer un acto de fe en que ese supuesto fósil corresponde a un "antecesor de".

3. Pocos sabemos cómo se hacen las mediciones de antigüedad de las cosas y menos sabemos hacerlas nosotros mismos para asegurarnos; ni tampoco sabemos cuánta confiabilidad tienen tales métodos de datación y sus conclusiones. Otra vez, hay que hacer un acto de fe en lo que divulguen respecto a las supuestas antigüedades. Sabemos que hay muchas formas de datación o medición de antigüedad: por estratos geológicos, por métodos radiométricos como el carbono, rubidio, potasio, etcétera; o los que luego se les ocurra o inventen. La debilidad de la primera, o sea, por geología, es que es imposible sacar mediciones en millones de años en los estratos, ya que, entonces, ¿cuánto se tendría que escarbar?; además, las placas tectónicas están continuamente en movimiento y lo que antes estuvo abajo, luego se pone arriba, o al revés. Los geólogos tienen más que suficiente ocupación en cosas más importantes, como la ciencia de la vulcanología, la climatología, la sismología, etcétera, con el fin de conocer, predecir y planear los futuros acontecimientos geológicos, que andar buscando la supuesta antigüedad de fósiles de antigüedades en millones de años. ¿Acaso interesa saber cuántas erupciones hubo en algún lugar hace 40 millones de años?... ¡No interesa! Lo que interesa son los datos más próximos, que se cuentan por

miles, no en millones de años. No es casualidad, por tanto, que mejor dejen la tarea a los estudios radiométricos. Sean cuales sean los datos divulgados, y a pesar de que es cosa de fe el creer en ellos, tal dato puede ir en contra de la Evolución, que, de hecho, lo es, aunque la imaginación evolucionista es muy buena para acomodarlos por fuerza. Cuando se encuentran fósiles de seres vivos, regularmente los descubren los arqueólogos y no tanto los geólogos.

Los evolucionistas divulgan cosas tan raras como la de que, supuestamente, unos arqueólogos encontraron unos colmillos de tigre dientes de sable con antigüedad de 50 millones de años…, pero ¡momento!, los arqueólogos no excavan tan profundo como para estimar los millones de años, entonces, ¿de dónde sacaron esos 50 mda? Geológicamente o por estratos no lo hicieron. Seguramente, y pensando bien de ellos, fueron a un laboratorio especializado en mediciones radiométricas y de allí creyeron el dato. Sin embargo, ¿a qué profundidad los encontraron? De seguro, no pasa algunos metros, pues son arqueólogos, no mineros profundos, y en metros no se perciben los imaginarios millones-de-años. Si encuentran restos de un mamut, al excavar por construir un túnel, es obvio pensar que tal mamut tiene miles de años, no millones, por su proximidad a la superficie.

El encontrar restos de un mamut o un tigre dientes de sable no confirma la evolución, sino, al contrario, la contradice, pues no indica evolución, sino solamente que tal especie es ya extinta. Y como hay miles, como les pasará a todos los seres vivos que alguna vez se extinguirán, no aparecerá su Transformismo. Si los fósiles que se encuentran tienen en realidad miles y no millones de años, eso ya bastaría para echar a la basura al evolucionismo y es una posibilidad real. Creer por fe y no por obviedad es menos confiable. No es casualidad que la postura llamada "Tierra joven" siga siendo una posibilidad real. Pareciera que, al menos en la gran antigüedad de la Tierra, tuvieran razón los evolucionistas. Sin embargo, hay serios argumentos válidos e interesantes dados por diversos analistas a favor de que la Tierra no puede ser tan antigua, sino más acorde a unos pocos miles de años.

Si atrás he hablado de fósiles de millones de años, ha sido con la finalidad de seguir los argumentos evolucionistas para luego ver sus absurdos. El haberme mostrado escéptico respecto a la datación de fósiles es para justificar que la posibilidad de que los seres vivos no son tan antiguos como pretenden es real.

Con el análisis de los fósiles basados en las Semejanzas y su manipulación, y su nula confiabilidad a favor del Transformismo y supuesta antigüedad, se ha refutado la Evolución.

Los supuestos experimentos evolutivos

Astutamente, los evolucionistas, al no poder demostrar que el Transformismo o Evolución es real de modo patente, a la vista y escrutinio de todos, mejor optaron por cambiar su modelo a nivel microscópico. Ya mejor hablan de genes y bacterias y, allí sí que tienen más habilidad para decir que hacen experimentos evolutivos exitosos, al menos es lo que piensan. Creen que diciendo que somos noventa y ocho por ciento genéticamente semejantes a los chimpancés, ya por eso es prueba de la Evolución. Ya porque dicen que experimentaron con bacterias y observaron que formaron resistencia a antibióticos o a la asimilación de azúcar o lo que sea, ya por eso opinan que eso es evolucionar.

Si se ponen a analizar los dizque experimentos evolutivos, verán que son sólo aparentes y falsos. Los experimentos evolutivos deben demostrar cómo se da la biodiversidad en cuanto especies esencialmente distintas. O sea, no se trata de tener como objetivo demostrar cómo se adapta, cómo se comporta, ni siquiera cómo se diversifica una misma especie..., ¡no!, se trata de demostrar cómo un tipo de especie se "transforma" hacia otra especie "esencialmente" distinta. Por ejemplo, demostrar cómo un tipo de mono se va hominizando gradualmente hasta convertirse en un humano. Su "esencia mono" se va perdiendo y va tomando la esencia humana. Esto debe quedar muy claro: LO QUE EL EVOLUCIONISTA DEBE DEMOSTRAR ES EL CAMBIO DE ESENCIA. Por supuesto, no lo ha hecho ni lo puede hacer experimentalmente. Con su imaginación claro que puede, pero no en la realidad. Los vemos divulgar que un tal sujeto trabajó con bacterias E. coli por veintiún años y estudió de ellas 40 mil generaciones y bla, bla, bla..., que descubrió cómo estas bacterias tuvieron una generación capaz de asimilar más nutrientes a diferencia de las anteriores, siendo más fuertes y adaptadas; que ya cambió un tanto su genoma... y bla, bla, bla... Las bacterias nunca perdieron su esencia, siguieron siendo bacterias. Si las bacterias siguen siendo bacterias, ¿cómo van a demostrar la biodiversidad? Si el mono sigue siendo mono, ¿cómo van a demostrar su hominización? ¿Cómo van a demostrar que los primeros seres vivos fueron un tipo de bacteria y de ellas se generó toda biodiversidad? No interesa saber cómo se adaptan o luchan por sobrevivir, sino cómo transforman su esencia hasta ser otra esencia distinta.

Si este trabajo de estudiar bacterias lo hace un investigador que tiene la finalidad de encontrar la cura a enfermedades o para descubrir nuevos fertilizantes para la industria alimentaria o para ayudar a descomponer elementos, etcétera..., ¡bien por ellos! Pero que estén con esto pretendiendo explicar la imaginaria Evolución es pérdida de tiempo y recursos. No obstante, su astucia sigue, porque a sus artículos les ponen la etiqueta de "CIENCIA" y, por supuesto, muchos lo creen.

De los pretendidos experimentos evolutivos, que no los hay ni los habrá, hay que informarles a estos artistas evolutivos en qué deberían de consistir, para que se den cuenta de:

1. Sus pretendidos experimentos evolutivos no son evolutivos en realidad, son pérdida de tiempo o, en el mejor de los casos, una piratería de otras ciencias como la genética o la bacteriología.

2. ¿Cuál es el objetivo o meta de un experimento que pretenda demostrar el Transformismo, para que no anden buscando lo que no es, o lo hagan pasar por lo que no es?

3. No hay manera de lograr un experimento evolutivo exitoso en realidad. A pesar de que el evolucionismo se debe demostrar a nivel experimental, y no haciendo re-

construcciones en arbolillos imaginarios, ni en videos, ni en ilustraciones, ni llenando museos con fósiles, ni fabricando bultos en forma de mono-hombre, ni por computadora, no obstante, no tienen manera de conseguirlo.

Lo primero que hay que tener en claro y nunca perderlo de vista es el objetivo de un experimento evolucionista: demostrar cómo unas simples formas vivientes pueden ser antecesoras de toda la biodiversidad que ha existido y existe. Véase que no se trata demostrar cómo se adaptan, luchan por sobrevivir o se diversifican dentro de su especie, sino cómo salen de su especie hacia una completamente distinta. Si las bacterias no dejan de ser bacterias, ¿cómo van a demostrar la biodiversidad?: no hay manera. Por eso es mejor hablar de Transformismo que de Evolución, pues la palabra *Transformismo* clarifica de qué trata la conjetura. El objetivo no es explicar cómo pudo haber sido en el pasado, sino cómo se puede reproducir hoy. Por eso es "experimental", porque trata de reproducir lo que dice la teoría. Aquí sólo se concluirán dos cosas: o es un experimento exitoso o se fracasa, no hay más.

Bien, ya teniendo en claro cuál es el objetivo, hay que señalar, en segundo lugar, que la conjetura evolucionista pretende ser una explicación naturalista, es decir, la participación de los dioses queda fuera. Esto es contrario a la honestidad y la razón, pero vamos a seguirles su juego para que se den cuenta de sus absurdos. Como en su Cuento Evolutivo no están presentes los dioses entonces conviene que empiecen desde el principio: por las imaginarias simples formas vivientes de las que partieron las demás formas de vida. En otras palabras, ya no deben deslindarse del Cuento Abiogenético, pues ya habíamos señalado que se deslindaban de él, porque, según ellos, está fuera de su "teoría"... ¡Pues no! ¡No lo está! Y ya los veremos complementando su cuento con que la vida se originó en el mar o en fuentes termales, o que viene del espacio, o que en otros planetas también puede haber vida y evolucionó. Es un solo cuento, no dos distintos. Si un estudioso honesto y conocedor sabe que la vida es un prodigio de Dios, y únicamente Él la puede hacer posible, entonces sabe que no hay necesidad de perder el tiempo en tratar de demostrar lo indemostrable. Perder el tiempo y recursos en tratar de demostrar que la vida se origina espontáneamente, gracias a las superpotencias de la Materialidad, si se juntan las condiciones, es ridículo para los entendidos. El entendido sabe que, si la vida es un prodigio de Dios, entonces estamos en el plano teológico o filosófico, no de ciencias empíricas. Ya andan haciendo cuentas de cuántos planetas pueden tener las mismas condiciones de la Tierra, y con eso ya se les alegra el corazón esperando vida en otros planetas, y hasta creen que puede estar más "evolucionada" que la que tenemos aquí. ¿Ven cómo todo es un mismo Cuento? ¿Ven que tiene calidad de exportación a otros planetas? Basta de negar que es parte de su Cuento la Abiogénesis, porque en la práctica de ello dependen. Ya está en el inconsciente colectivo la imagen de cómo podrían ser los extraterrestres, que son antropomorfos, más cabezones e inteligentes que los humanos terrestres y medio reptilianos, pues allí la evolución jugaría distinto, aunque similar; ya los evolucionistas creen que la Evolución es una ley cósmica... ¿No son una ternura? Suena a broma, pero, aunque los evolucionistas no hablan de extraterrestres humanizados, no los descartan y los siguen buscando en el universo. Ni siquiera es necesario ir tan lejos; desde hace tiempo andan buscando agua en Marte, y si la encontraran, ya podrían sospechar que puede haber o hubo algún tipo de vida, tal vez bacterias. El agua tiene una magia vitalizadora especial para ellos.

Entonces, los evolucionistas deben empezar por reproducir el origen de la vida espontáneo, para que así den pasos seguros hacia su fantasía. Si quieren mantener sus conjeturas dentro del naturalismo, han de empezar por aquí. Sería patético que un investigador diga que un dios dio el origen de la vida y de allí evolucionó, porque sería un error de incoherencia, pues, por un lado, se posiciona en una teología y luego se brinca a una pretensión naturalista. El mismo Darwin fue uno de esos incoherentes que no se percató de su incoherencia. Para él, un dios hizo posible la evolución, pero olvidó su teología y pretendió conjeturar todo desde su naturalismo. Esto sería como deducir toda una legislación de un país del comportamiento de las hormigas. Si un creyente cree en el Cuento Evolutivo, está fuera de las ciencias empíricas, pues no hay manera de reproducir lo que solamente un Dios puede hacer. Pero como los evolucionistas están convencidos de que todo es por "naturaleza", sin intervención de Dios, les queda demostrarlo vía experimental. No les debería ser tan difícil, si es que supieran de lo que hablan.

En tercer lugar, los experimentos evolucionistas han de intentar reproducir lo que la "naturaleza" haría por sí misma; aunque intervenga la inteligencia humana, será sólo con el fin recrear las imaginarias condiciones y acelerar los supuestos mecanismos que llevan al transformismo de especies. No se trata de hacer ingeniería genética, ni clonaciones, ni cultivos de bacterias en condiciones antinaturales, ni inseminar artificialmente seres vivos..., se trataría de imitar lo que lo Físico hace espontáneamente.

¿Así que quieren demostrar que el origen de la vida no requiere de dioses? Bien, entonces empecemos por el principio. ¿Qué tienen los evolucionistas? No tienen una, sino muchas hipótesis de cómo se pudieron originar espontáneamente las primeras formas de vida. Aunque no han comprobado ninguna, para ellos ya es un hecho que la vida se originó accidental y espontáneamente, y ya construyeron alegremente su castillo evolucionista bajo este cimiento etéreo. No quieren hablar de las primeras formas de vida, pero sí de las segundas y siguientes.

Las condiciones reales de la Tierra "primitiva" u original están fuera del acceso humano. Lo que les queda son adivinaciones e imaginaciones. Pero supongamos que le podrían atinar por casualidad a base de prueba y error. Lo que han de hacer primero es un listado de los ingredientes y condiciones que se imaginan que hicieron la magia vital. Por ejemplo, en la hipótesis de que la vida se originó espontáneamente en el mar, hay que juntar los ingredientes o materias primas, cuya base sería el agua de mar, luego todo lo que le quieran agregar. Después hay que plantear las imaginarias condiciones primitivas, que pueden ser la temperatura, los rayos solares, los niveles de oxígeno..., bla, bla, bla... Luego de tener los ingredientes y las condiciones, hay que simular los mecanismos que, se imaginan, siguió la naturaleza y despertó la vida. Después hay que cruzar los dedos para que esta alquimia logre la magia vital. Esperemos que su agua marina no se contamine con bacterias presentes, sino que logre despertar las poderosas protobacterias capaces de transformarse en plantas, insectos, peces y animales. Supongamos que la magia se hace presente y despertaron las potentes protobacterias…, ¿cuál será la segunda especie que inicie la carrera evolutiva?, ¿será una medusa?, ¿será un alga?, ¿será un renacuajo? Después cuál será la tercera y la cuarta y la quinta… Habría que ayudarles a estas protobacterias a evolucionar, como lo haría la "Madre Naturaleza", de especie en especie. Disculpen el sarcasmo, pero no veo otra cosa para tomar en serio a estos artistas. Les recuerdo que estamos sólo en una de tantas conjeturas abiogenéticas y tendrían que hacer ensayo y error con todas las que tengan y salgan después. Para ser claros, esto no puede pasar de mera conjetura y sueños vanos, va en contra de toda lógica y racionalidad correcta. Ya que se enteren de cómo deberían ser los experimentos evolucionistas y de que no pueden reproducirlos con éxito, más les vale abandonar su castillo ficticio y bajarse a la realidad.

Ahora, demos un enorme salto y dejemos por un momento el Cuento Abiogenético y ubiquémonos en el imaginario mono antecesor de los humanos. Dicen nuestros artistas constructores del Cuento Evolutivo, con su arte de aparentar lo que no es y su arte de escapismo o zafe, que tal mono antecesor tenía la potencia de irse humanizando. Ahora no vemos ningún ser vivo humanizándose, ni siquiera los simpáticos chimpancés, pero ellos, los artistas y su arte, dicen que aquel mono sí la tenía. La superpotencia de Hominización estaba presente en esos monos imaginarios. La Potencia de Hominización incluye:

a) Aumento de la inteligencia inventiva. Ser capaz de hacer inventos y más inventos.

b) Pérdida de pelo progresivo.

c) Las extremidades menos musculosas, pero más finas en sus movimientos.

d) Cambio en la forma y funcionalidad de los ojos.

e) Desarrollo de lenguaje articulado.

f) Cambio de comportamiento en lo social, cada vez más complejo.

g) Etcétera.

Tenemos la necesidad de introducir otro nuevo concepto que los evolucionistas no expresan, pero sí lo usan o suponen; le vamos a llamar la "Inercia Transformista". Este concepto significa que hay un tipo de "finalidad casual de autoperfección" que, una vez iniciada, ya no se detendrá. El Mono Antecesor ya tiene la finalidad de hominizarse, es decir, ya está en Inercia Transformista hacia lo humano. Sus siguientes generaciones desarrollarán los puntos atrás citados hasta lograr al humano, tal y como lo conocemos. ¿Qué mecanismos o circunstancias hacen que la *inercia hominizadora* provoque que tal mono sea cada vez más inventivo? ¿Qué mecanismos o circunstancias llevan a la progresiva pérdida de pelo corporal? ¿Qué mecanismos llevan a la modificación de extremidades y, a la vez, a hacerlas más especializadas para actividades finas? ¿Qué mecanismos o circunstancias llevan al cambio de la forma y funcionalidad de los ojos? ¿Qué mecanismos o circunstancias llevan al desarrollo de un lenguaje articulado que antes no existía? ¿Qué mecanismos o circunstancias llevan a cambios de comportamiento social cada vez más complejos?

En verdad, ¿creen que los artistas evolutivos los conocen? ¡Claro que no los conocen! Para ellos les basta con una generalización como la muy sonada "Selección Natural" o la común "Lucha por Sobrevivir". Con esto piensan explicar todo, pero ¡no demuestran nada! Deberían de exponer los mecanismos y circunstancias de modo concreto y no general, para que así los traten de reproducir y acelerar. Pongamos la inercia hacia mayor inventiva: ¿cuáles mecanismos o circunstancias?, ¿será un tipo de alimentación?, ¿será el uso y desuso?, ¿será unas mutaciones accidentales?, ¿será un tipo de clima?, ¿será que unos extraterrestres llegaron y preñaron a estos monos?...

¿Ven cómo es muy diferente hablar en generalidades que parece que dicen todo, pero no dicen nada, a algo concreto que puede ser reproducible o someterse al escrutinio de cualquiera? Si algún evolucionista se atreviera a decir que el consumo de carne cruda es lo que lleva a desarrollar más el cerebro y así tener mayor inventiva a lo largo de generaciones, por una parte, se podrían hacer pruebas para saber si es verdad o es falso y, por otra parte, muchos consumirían carne cruda con tal de que los humanos del futuro fueran más inventivos. Esto sí que es un mecanismo en concreto; así deberían de proponerlo los evolucionistas, pero son tan astutos que no lo harán nunca, porque se les cae el teatrito.

Lo único que he visto que tienen son excusas y falsas esperanzas. Dicen que es cosa de tiempo que un día descubran la salida de su túnel oscuro, o sea, que ya demostrarán sus hipótesis; dicen que no pueden reproducir la evolución porque es algo que no lleva miles, sino millones de años y miles o millones de generaciones..., bla, bla, bla... Por esperanzas y excusas no se detienen. No obstante, como deshonestos que son, divulgan sus ficciones como si ya fueran un hecho y una ciencia. La obra de teatro Transformista ya está en funciones y tienen mucho público dispuesto a aprender de ella y defenderla.

En fin, ni su imaginaria abiogénesis o generación espontánea de vida, ni su transformismo o evolución de especies ha sido ni será demostrado por experimentación exitosa, simplemente porque no tienen manera de hacerlo.

En vista de que algo que se pretende naturalista y parte de las ciencias experimentales carece de experimentación exitosa y no puede lograrlo, el Transformismo o Evolución queda refutado.

No hay selección natural

Ahondemos un poco más en el imaginario evolucionista, donde una especie va tomando el lugar de otra de tipo distinto (Transformismo), que imaginan que provocó toda la biodiversidad. El título original de la obra de Darwin fue: *On the Origin of Species by means of Natural Selection, or the Preservation Favoured Races in the Struggle for Life.* Y efectivamente, de ello se trata su texto: Darwin planteó la hipótesis de que, por Selección Natural, o sea, la lucha por sobrevivir y preservándose las razas más aptas, era el mecanismo que lograba el origen de las especies. ¿De dónde sacó esta conclusión Darwin? Él analizaba el fenómeno de la domesticación y la actividad de los ganaderos, jardineros y horticultores, donde observaba la Selección "Artificial". El ganadero, por ejemplo, va seleccionando las razas que más juzgue a sus intereses para que se reproduzcan; o bien, de los mismos que ya tiene, selecciona los más robustos y sanos para que sean estos, y no los más débiles, defectuosos o de menos interés para que se reproduzcan. Tal vez seleccione un semental de otra raza para que se reproduzca con otra raza, dado que considera que provocará una raza nueva mejor a sus intereses. Quizás, mediante ingeniería genética, logre una raza modificada, lista para reproducirse, y así lograr una nueva selección.

Esta selección "artificial" no tiene nada que ver con el Cuento Evolutivo, pues no hay paso de una especie a otra de tipo esencial distinto, como el de un simio a un humano. Lo único que hay es diversidad dentro de la especie, lo cual es común y patente por cualquiera; y esto no es evolucionar.

Nunca las vacas dejan de ser vacas, nunca los perros dejan de ser perros, nunca la mosca deja de ser mosca, nunca la lagartija deja de ser lagartija, nunca la serpiente deja de ser serpiente…, en fin, mientras no haya cambio gradual esencial, o sea, que progresivamente se deje de ser simio y progresivamente se esté humanizando, hasta que luego ya se pueda hablar de un humano y no un simio, hasta entonces, la evolución sería evidente; pero no sucede nada de esto en la realidad. Por más que varíen las especies, no dejan de estar dentro de su misma especie, así pasemos de 10 a 10 mil razas de perros, no se puede hablar de evolución, sino variación dentro de la especie, donde esta última sí se observa, la Evolución, no.

A la selección artificial cualquiera la puede reproducir y manipular. Cualquiera puede agarrar una raza de perro y cruzarla con otra para que me dé una nueva raza. Es un evento que dura, lo que dura la cruza y sus productos, o sea, meses. ¿Tiene que ver esto con la Evolución que supuestamente se da en millones de años?: ¡claramente no! Sin embargo, Charles Darwin da un salto en falso nuevamente: de la Selección Artificial va a la Selección Natural. En su imaginario, resulta que la *Madre Naturaleza* hace algo similar que hacen los seres inteligentes: seleccionar quién se va a reproducir y quién no.

Vemos, pues, con claridad, una acción de "selección". Sin embargo, para que se pueda dar tal acción de "seleccionar", se requiere una inteligencia capaz de seleccionar. El ganadero selecciona qué se ha de reproducir y qué no. El tigre (ser con inteligencia) selecciona a cuál siervo va a intentar cazar, que generalmente será el más débil o pequeño. El pájaro (ser con inteligencia) elige a su pareja y en qué árbol hará su nido. Lo que carece de inteligencia no puede seleccionar de ningún modo. El agua no puede seleccionar si se mezcla o no con el aceite. La luz del Sol no pude seleccionar a qué iluminar o a qué no iluminar.

Aunque a muchos poco les importa apegarse a las buenas definiciones y dan por supuesto el conocimiento de los conceptos y que coincidimos en ellos, es preciso retomar y poner en claro qué significan ciertas palabras, para evitar manipular el lenguaje. *Seleccionar* significa elegir entre dos o más alternativas. Nadie puede hacer la acción de elegir si no tiene una inteligencia. Una vez puesta en clara esta condición, ya podemos asentar que la Naturaleza no selecciona nada, por dos razones:

1. **No es un ser.** Esto puede ser una obviedad, pero en la práctica muchos tratan a la Naturaleza como si fuera un ser inteligente, la antropomorfizan, aunque lo nieguen.

2. **Como no es un ser, tampoco puede ser algo inteligente y, por ende, es incapaz de la acción de seleccionar.** Objetarán los evolucionistas que la Selección Natural no se refiere que la Naturaleza seleccione, sino que se usa el término para distinguir entre la actividad humana (artificial) y la actividad de los demás seres vivos no humanos (¿natural?). Suponen que todo lo que hagan los seres vivos no humanos es algo natural, y lo que hagan los seres humanos es contranatural. Pero ¿por qué tratan a los humanos como separados de lo natural? ¿Acaso es antinatural que los humanos elijan su pareja de reproducción o competir por sobrevivir?

La oposición natural *versus* no natural es una abstracción humana, no una realidad física ni biológica, es propio de las ideas de los que sabemos que Dios existe, pues se hace la distinción entre las obras de Dios y las obras de los humanos. Y esto no sería posible sin la existencia del libre albedrío o libertad. En la cosmovisión teísta, los humanos son seres que van más allá de la animalidad y son responsables de sus actos, por lo que son los únicos sujetos capaces de ética o moral. A los animales no humanos no podemos adjudicarles responsabilidad de sus actos, ni otorgarles derechos, obligaciones o deberes. Los actos que desde el punto de vista humano sean evaluados como buenos o perversos de parte de los animales no humanos son únicamente antropomorfismos, pero no realidades. Es sólo dentro del teísmo que se entiende como una realidad que los humanos tienen libertad y responsabilidad de los actos, y esto es lo que permite que podamos hacer la distinción de natural y artificial, de otra manera todo ha de ser considerado "natural".

Cabe decir que hay personas que pretenden distinguir el libre albedrío de la libertad, bajo el supuesto de que el primero está libre de condicionamientos y el segundo es a pesar de los condicionamientos, pero esto solamente es una tendencia ideológica que también tiene un trasfondo antirreligioso; en realidad, estamos hablando de lo mismo. Si no hay libertad, tampoco hay responsabilidad de actos, tal como sucede con los seres vivos no humanos.

Para los evolucionistas, todo lo que hagan o dejen de hacer los seres vivos no-humanos es parte de la naturaleza, o sea, son actos naturales; en cambio, todo lo que hagan los humanos son actos no naturales... ¿Por qué?, ¿de dónde lo sacaron? Lo mismo que lo de un solo origen de la vida, también la idea de separar lo natural de lo n -natural, lo sacaron pirateando la idea del teísmo y se lo apropiaron injustificadamente. A los evolucionistas les corresponde justificar sus ideas de lo puramente físico o material, y a lo puramente físico o material es a lo que llaman "natural". ¿Acaso hay otra cosa aparte de lo físico o material para los evolucionistas? No tienen por qué meter cosas trascendentes, inmateriales ni divinas. Así que, si unas aves hacen sus nidos, es natural; que si los bonobos tienen sexo de todos contra todos, es natural; que si los castores hacen presas, es natural; que si un chimpancé usa una piedra para romper una nuez, es natural; que si los lobos atacan más a los más débiles, es natural; que si un pez usa su lengua como carnada para cazar, es natural, que si los humanos cortan árboles para hacer casas, es natural; que si los humanos transforman y manufacturan la materia prima para hacer innumerables inventos, es natural…, o debe ser considerado así por los evolucionistas y los falsos ateos.

Es increíble ver cómo hasta dizque filósofos ateos hablan del espíritu humano y su libertad, como si fuera algo natural/ material y no sobrenatural/inmaterial. La idea de seres animados o con alma es propia de los que saben que los dioses existen. Al igual que libre albedrío y libertad son lo mismo, así también espíritu y alma son lo mismo. Hacer distinciones de estas palabras ya es abusar del lenguaje. Es como si los naturalistas hablaran del Espíritu de la Naturaleza o Alma de la Evolución, lo cual carece de sentido. A los ateos les corresponde ajustarse al materialismo, y para el Materialismo nada hay en la realidad más que elementos químicos, fuerzas y energías carentes de inteligencia. Y como la Conjetura Evolutiva se pretende separar del poder de los dioses y tampoco reconoce que sin ellos no hay nada, entonces también ha de ajustarse al materialismo. Hablar de seres vivos, es hablar de un estado más de la materia, como cuando se habla de otros estados de la materia inorgánicos. Cualquier fenómeno de los seres vivos sería, para el evolucionismo, una expresión de la materia o de los elementos químicos. Hacer diferencias ontológicas o categorías entre unos estados de la materia libres y otros sin libertad, con alma o sin alma, es una impropiedad. Las ideas de libertad o espíritu son, para ateos y para el Cuento Evolutivo, sólo ficciones producidas por reacciones químicas en el cuerpo. Repito: son ficciones (para ellos, claro), no realidades. Como la patraña evolutiva se presenta como ciencia empírica, pues se ha de aplicar a las realidades, no a las ficciones.

La pregunta es: ¿se requiere libertad e inteligencia, en algún grado, para seleccionar? La respuesta es esta: sí. El Sol no selecciona cuáles órbitas han de seguir los planetas; la Tierra no selecciona qué lugar va a ocupar en el espacio ni a qué velocidad girar; el agua no selecciona cuándo cambiar de estado líquido, gaseoso o sólido ni a qué temperatura hacer la diferencia; el imán no selecciona si tener o no tener magnetismo ni si atraerá el hierro u otra cosa; los elementos químicos que componen a los seres vivos no seleccionan qué forma generar, si con pezuñas o manos, si hacedor de nidos o poesía, si un elefante o una hormiga, ni cuánto tiempo de vida le darán, ni si tendrá genética o no. Se requiere forzosamente un grado de inteligencia para tener cierta capacidad de seleccionar entre dos o más opciones, aunque lo hagan por instinto o con plena conciencia.

Empero, al evolucionismo le corresponde entender que da igual si eres un humano, una planta, un insecto o cualquier tipo de animal; todo lo que hacen o no hacen los evolucionistas es por reacciones químicas, fuerzas y energías carentes de inteligencia. Todo para ellos ha de ser natural. Y como todo es natural, no cabe hacer distinción entre la selección que hacen los humanos de la que hace cualquier otro ser vivo. En todo caso, a los evolucionistas les corresponde hablar solamente de selección natural para todo ser vivo, incluido el humano.

Ahora bien, el problema mayor es que la imaginaria Selección Natural, como mecanismo para evolucionar, tampoco es real. Hay selección natural en el sentido de la selección que se da por la lucha por sobrevivir, reproducirse y alimentarse, pero no más. Estas luchas no hacen que las especies se transformen gradualmente en otras especies distintas, lo único que hacen estas luchas es que las cadenas alimenticias continúen, se impida o se controle que algunos no se reproduzcan, y haya diversidad dentro de la especie. Hay quienes ya no hablan de razas entre humanos, después de las terribles torpezas del racismo, pero de que hay razas las hay, y no por ello hay racismo. No hay razas puras entre los humanos, pero digamos que hay unas que se distinguen sobremanera de otras y se pueden colocar como grandes grupos como la negroide, mongoloide, caucásica, etcétera. Vemos pues que hay diversidad dentro de la misma especie, pero eso no significa que el negroide no es menos humano que un caucásico. Quien se atreva a decir que tales humanos son más evolucionados que tales otros será tomado por un bruto. La diversidad dentro de la especie es tan patente como que ni los mismos hijos son copias exactas de los padres; hasta en el comportamiento tenemos distinciones. Lo que no es patente, ni jamás se ha observado, es la imaginaria Evolución, a pesar de que la "Selección Natural" esté en curso continuo.

Pongo entrecomillada la "Selección Natural" porque es un concepto tramposo, dado que es algo que no es necesario, pero se quiere presentar como si lo fuera. Se puede hablar directamente de la reproducción, la lucha por sobrevivir y alimentarse, que son fenómenos ordinarios, y es de lo que forzadamente consistiría la "Selección". ¿Qué otra cosa puede seleccionar los seres vivos?, ¿acaso van a seleccionar cómo será su naturaleza?, ¿seleccionarán qué grado de inteligencia tendrán?, ¿seleccionarán si tendrán alas o aletas?, ¿seleccionarán si tendrán garras o pezuñas?, ¿seleccionarán si serán aéreos o acuáticos?, ¿seleccionarán si serán gorilas o humanos?...: obviamente, nada de esto se puede seleccionar. Las únicas selecciones que hacen los seres vivos, y no todos, son, por ejemplo, seleccionar con qué pareja o parejas unirse o socializar; seleccionar si alimentarse con esto o con aquello otro; seleccionar si luchar por sobrevivir o dejar de hacerlo; y, aun así, esto está en términos relativos, pues ni se hacen estas selecciones en conciencia necesariamente ni con oportunidad de hacerlo en todo momento cuando sólo hay una opción. Y si hablamos de las plantas, las selecciones dichas desaparecen, por lo que quedarían fuera de la ficticia Evolución, según hemos visto.

Se puede omitir, entonces, este forzado concepto de "Selección Natural", porque por un lado no se sigue de la "Selección Natural" ninguna Evolución o Transformismo y, por otro lado, no explica nada en concreto, sino que únicamente es una generalidad que los artistas evolucionistas usan para armar su teatro. Y pensar que algunos le llaman hasta "Ley de la Selección Natural", tal como otros le llaman ley a la Evolución o Transformismo... Ah, pero para estos artistas es una ley cósmica... ¡Vergonzoso!

Ya habíamos dicho que, desde el naturalismo o materialismo, no hay nada, ni sobrenatural, ni artificial, pues el humano no es ontológicamente un ser especial, sino uno de tantos, y un estado de la materia como cualquiera. Tan natural sería que los pájaros hicieran nidos como que los humanos construyeran naves voladoras o poesía. En el naturalismo o materialismo todo es natural. Al eliminar el opuesto "Selección Artificial", pierde todo su sentido la "Selección Natural". Es como si elimináramos la idea del "Bien", la idea del "Mal", también perdería su sentido; si se elimina la idea de "Oscuridad", la idea de "Luminosidad" perdería su sentido. Por ende, ya hemos echado a la basura este concepto, por manipulador e inútil.

Por otro lado, tampoco es tan real que los menos aptos sean los que no sobreviven, pues en realidad los aptos también están en riesgo de perder la vida en cualquier momento. Son muchas las circunstancias que hacen que aun los menos aptos sobrevivan. Y aunque probabilísticamente sean los más fuertes los que sobrevivan, aun así, eso no tiene nada que ver con el Transformismo o Evolución, pues sólo es un factor de sobrevivencia, no de transformación. Por más que se reproduzcan los seres vivos y hasta se vuelvan una plaga, no por eso se van a transformar en otra especie distinta, por más generaciones que pasen. Lo único que se observa es que los seres vivos se extinguen, pero nunca se ve que evolucionen. Miles de años de reproducción de los seres vivos, y siguen sin evolucionar. Solamente les queda la excusa de que eso es cosa de millones de años, lo que los deja fuera de poderlo demostrar.

En fin, la famosa Selección Natural no es más que un castillo de fantasía sin realidad para demostrar la Evolución. Al exponer que es sólo una ficción, hemos demostrado que el Cuento Evolutivo es una farsa.

Aritméticamente, el Transformismo es imposible

Ya es evidente que el Transformismo o Evolución es charlatanería, pero por si alguien todavía no ha quedado convencido y, para una persona que tiene suficiente razonamiento, este apartado será suficiente para terminar de convencerse. Para esto necesito que activen su capacidad hipotética, dado que no hubo los imaginarios seres antecesores evolutivos, pero hay que suponerlos desde la imaginación evolucionista, para ver así su imposibilidad.

Antes de seguir, observemos que es increíble que los evolucionistas no se hayan percatado de esto tan obvio, y más increíble es verlos cómo sacan conclusiones que creen a favor, cuando son en su contra. Por ejemplo, cuando dicen que el humano es más antiguo de lo que pensaban, ya por sus fósiles encontrados y de los cuales le suponen antigüedades impresionantemente remotas, ellos suponen que eso está a su favor, cuando está en contra de su conjetura. Otra cosa que piensan a su favor, pero está en su contra, es creer que, a mayor biodiversidad, más se confirma la Evolución o Transformismo, cuando sucede todo lo contrario: a mayor biodiversidad, tanto en especies como diversidad dentro de una especie, más imposible es el Transformismo o Evolución.

Dijimos, en otro apartado, que eso de la datación de fósiles era cosa de fe en que no nos engañan los que divulgan tales datos y que sus métodos son confiables, dado que no podemos constatarlo por nosotros mismos. Puede que estén errados, pero se tiene fe en lo que divulgan y los damos por verdaderos. Dijimos que la idea de que la vida en la Tierra no es tan vieja como creen estos evolucionistas, sigue siendo una real posibilidad, pero vamos a concederles, por ahora, que ellos tienen razón y que las primeras formas de vida vienen desde hace... mmm..., ¿cómo decirlo si inventan datos cada día?... Pero vamos a ponerles la más antigua que hoy han dado: 3,500 millones de años. Dicen que fue cuando aparecieron espontáneamente unas "protocélulas", y por ello le vamos a nombrar la "Especie 1". Esta Especie 1 (E1) sería el primer antecesor de toda biodiversidad extinguida o actual. El reto será pasar de E1 a la E2, E3... hasta la E 1,000,000, por decir, una cifra modesta, dado que se puede hablar de miles de millones de especies. Parecen demasiados 3, 500 millones de años, pero en realidad son muy pocos para tan grande biodiversidad, y más cuando hay puntos en contra. Ya con comparar 3,500 millones de años de supuesta antigüedad contra miles de millones de especies, tenemos clara la imposibilidad, pero continuemos y veamos cómo todo va en contra del Cuento Evolutivo hasta aritméticamente.

Factores en contra de la imaginaria antigüedad evolutiva

1. Las especies se extinguen abruptamente. Sabemos de muchas especies que, en pocos años, dejaron de existir, ya sea por catástrofes naturales, ya por enfermedades, ya por carencia de alimentos, ya por exceso de depredadores, etc. Cuando una especie deja de existir en el planeta, obviamente ya no se puede esperar que evolucione lo que ya no existe. Así que la extinción es un punto en contra de la Evolución.

2. La resistencia a no modificar su especie significativamente por miles o millones de años. Si una especie se mantiene durante miles o millones de años, sin modificación importante, eso significaría que son otras las especies que debieron acelerar sus transformaciones para lograr la biodiversidad.

3. Entre más antigua sea una especie, menos tiempo le dan a las supuestas especies antecesoras para su transformación, lo que significa que entre más antiguas sean, más imposible es la Evolución o Transformismo, dado que las imaginarias especies antecesoras tuvieron menos tiempo para evolucionar. Esto es claro, pero si no se comprendió, pongamos de ejemplo las conjeturas de algunos evolucionistas que divulgan ideas de que encontraron un cráneo de humano de hace 800 mil años de antigüedad. Ellos creen que eso está a favor de su conjetura, pero es todo lo contrario, dado que sus imaginarias especies antecesoras requirieron mucho menos tiempo para evolucionar a humanos. Y si la especie antecesora inmediata a los humanos también es mucho más antigua de lo que suponen, le dan aún menos tiempo a las anteriores especies antecesoras, y así sucesivamente. Esto es como una serpiente tragándose a sí misma.

4. Es inmensa la cantidad y diversidad de especies y diversidades dentro de una especie, así que si, por un lado, dicen los evolucionistas que la evolución sólo se percibe en millones de años, y por otro lado es demasiada la cantidad de biodiversidad, 3,500 millones de años son

insuficientes. Sería más fácil creerles a los evolucionistas si las especies no fueran tantas, pero, como ven, son casi innumerables, y el tiempo estimado es casi nada.

Que basten estos cuatro puntos para iniciar nuestro viaje imaginario a los arbolillos evolucionistas y para sacar algunas cuentas básicas de aritmética.

Repito antes que, como dije al inicio de este apartado, necesitamos activar la capacidad hipotética, dado que los evolucionistas no pueden armar de una en una las especies y seguirles su hilo transformista, por lo que tendremos que suponerlas e inventarlas. Las especies que suponen que son antecesoras y subidas a sus arbolillos evolucionistas, casi las podemos contar con los dedos de las manos; necesitamos miles, pero solamente nos dan pequeñas decenas, así que vamos a imaginarlas.

Comenzamos ya con la Especie 1 (E1), con las protocélulas que imaginan fueron las primeras formas de vida, las antecesoras de plantas, animales terrestres y acuáticos, los insectos y toda forma de vida microscópica.

También consideremos que no vamos a sacar cuentas solamente de los mamíferos o animales terrestres, pues también tendremos que considerar el reino vegetal, el de los insectos, el acuático y el microscópico.

Como dato contextual, cuentan también que la Tierra se formó hace 4,500 millones de años, por lo que no pueden echar más atrás de esto el origen espontáneo de la vida, según su imaginación. Le dan mil millones de años después del origen de la Tierra al origen espontáneo de la vida. Entonces, están en un callejón sin salida: únicamente tienen 3,500 millones de años para explicar la biodiversidad, pero empecemos con las cuentas.

Imaginemos la Especie 2, ¿antecesora de las plantas?, ¿antecesora de los animales?, ¿antecesora de todos también?, ¿qué forma y tamaño tenía?, ¿en qué tiempo habrá aparecido?... Sí, sólo queda imaginarla. Lo mismo será para la E3, E4, E5..., E un millón. Pero la imaginación evolucionista indica que las primeras plantas o las primeras formas de vida multicelulares, tal vez algas y medusas, ya se van apareciendo hace 500 millones de años... ¡¿Pero qué sucede?!, ¡¿tenemos que rehacer la cuenta, y en lugar de los 3,500 millones de años, lo vamos a reducir a sólo 500 millones de años para explicar la biodiversidad?! Pues sí, los mismos evolucionistas se cortan la rama en la que están sostenidos. Se han perdido tres mil millones de años por no haber mayor biodiversidad más que seres microscópicos unicelulares o pluricelulares demasiado simples. Quedan únicamente 500 millones de años para explicar los billones de especies de seres vivos diversos de plantas, insectos, animales terrestres y acuáticos y microscópicos. Retomemos ahora los cuatro puntos que expusimos atrás. Las vulnerables protocélulas resultaron ser muy resistentes y estar por 3,000 millones de años sin extinguirse. Cuentan, en el Cuento Evolutivo, que ellas se trasformaron en las primeras plantas, como las algas y musgos, y seres acuáticos en las medusas y corales. Pero, otra vez, hay que detenernos, pues estos seres vivos mencionados aún existen, por lo que no son antecesores de las diversas especies. En 500 millones de años, no han evolucionado. Podríamos aceptar que se han diversificado dentro de su especie, así como los humanos se diversifican dentro de su especie, pero esto no explica la biodiversidad. Si estas especies no son antecesoras, entonces ¿cuáles lo son? Sigue narrando el Cuento Evolutivo que fueron en los mares donde aparecieron los primeros animales, por lo que vamos a imaginar la E 2 millones en algún tipo de pez. Ahora consultamos las últimas divulgaciones del pez más antiguo conocido y nos indican que tiene una antigüedad de 380 millones de años. Hagamos otra resta y quitémosles a los 500 millones de años: 120 millones de años perdidos sin mayor biodiversidad. Nos quedan solamente 380 millones de años para explicar la biodiversidad.

Por otro lado, esperamos que aparte de las algas y musgos, algún tipo de planta se haya vuelto poderosamente transformista, capaz de ser antecesor de las innumerables especies de vegetales. Si en los animales, los evolucionistas tienen un poco de imaginación para que se les revelen las especies antecesoras, con las plantas la tienen tapiada, dado que ni se han metido en ello ni si han imaginado alguna planta antigua, es simplemente como la actual. Si piensan en los helechos, pues dicen que ya existen desde hace 300 millones de años. Hoy divulgan cosas como que encontraron los primeros pasos de las plantas en la superficie terrestre en forma de unas "criptoesporas" fosilizadas con una antigüedad de 470 millones de años; 10 millones de años más antiguas que las encontradas anteriormente. Claro está que podemos dudar de estos datos y más, dudar de que sean estas plantas el antecesor, pero vamos a seguir con estas imaginaciones, para así descubrirlas como tales. Y como es esperable, las plantas serían anteriores a los animales e insectos dentro del Cuento Evolutivo, lo que ya nos hace reafirmar que sólo tienen menos de 500 millones de años para explicar toda la biodiversidad.

Hablan o divulgan una cosa que llaman "Explosión Cámbrica", la cual es algo que los objeta, como bien lo intuyó Charles Darwin, sin embargo, ya sabemos que los evolucionistas hacen arte con el Zafe, o sea, con su gran imaginación buscan alguna excusa o hipótesis que toman como "descubrimiento científico" y ya: quitaron la pequeña piedra del camino, aunque en realidad sea un abismo infranqueable. Hay que notar que cuando divulgan que encontraron un nuevo fósil, siempre lo echarán más atrás de lo que antes ya habían divulgado. Esto último creen que no le afecta a su conjetura, y hasta creen que la reafirman, cuando es todo lo contrario. Entre más antiguas digan que son las especies, por ejemplo, los humanos, las tortugas o algún insecto, eso socava su Cuento Transformista o Evolutivo, en vista de los puntos al inicio de este apartado mencionados.

Los evolucionistas podrán divulgar cosas como la de que, gracias a que las cianobacterias y las algas, al hacer fotosíntesis, se desencadenó abundancia de oxígeno, y por ello se dio su mágica "Explosión Cámbrica", pero eso son sólo conjeturas-zafe, y se les pueden ocurrir las que quieran, al fin, no exigen rigor científico ni experimental. El punto es que, en los hallazgos fósiles, se encuentran con seres que ya contaban con estructuras bien formadas y de alta complejidad y con una variedad que no esperaban. Ya antes habíamos dicho que el truco evolucionista es ajustar su conjetura acomodaticia a la realidad, y no evaluar si su conjetura se ajusta a la realidad;

si no se ajusta, debe ser rechazada; pero no es así como lo hacen, pues parten de la realidad y luego le ponen la etiqueta de "evolución". Encuentren lo que encuentren, siempre lo ajustarán. Ni siquiera tienen criterios claros para definir qué fósil va acorde a la evolución y cuáles la refutan. Para ellos todos la confirman, sean como sean, se encuentren los que se encuentren, sean del tiempo que sean.

Ya con hablar de una "Explosión Cámbrica" se está derrumbado su teatrito, y no les vamos a seguir su juego en esta ficción de que, por razones extrañas a su conjetura, se diversificaron en millones de formas o especies distintas en un muy breve tiempo, mientras que en otros duran miles de millones de años sin cambios, sino que nos vamos a evaluar si la conjetura se ajusta a la realidad o no. Y la conjetura evolucionista dice que unas especies vienen de otras y se transforman de manera gradual y lenta. En su imaginación evolucionista, antes del Cámbrico no había biodiversidad, sino sólo unas pocas formas vivientes relativamente simples. Por lo tanto, hay que evaluar la Conjetura Transformista sin la ficción de la "Explosión Cámbrica", dado que de eso no se trata el Transformismo.

La pregunta es: ¿a qué ritmo evolucionarían las especies, como para que, de unas simples formas vivientes, se logre toda una biodiversidad de billones de especies distintas en únicamente 500 millones de años? En la imaginación evolucionista en el precámbrico se imaginan una flora y fauna muy simple de algas, musgos, corales, medusas, anélidos, organismos de cuerpos blandos y sésiles. Se supone que estos son los antecesores de todas las plantas, artrópodos, seres acuáticos, aves, animales y humanos.

El primer obstáculo es que los seres vivos mencionados siguen existiendo. Para los evolucionistas, estos seres tienen más de 500 millones de años sin transformismo, pero a la vez son los antecesores. Su prolífica imaginación les ha construido un castillo donde se puede ser antecesor común de otras especies distintas, pero a la vez no cambiar. Es como unos parientes se transforman y otros se quedan fijos. En este castillo flotante e imaginario, todas las novedades biológicas aparecidas se mantienen por siempre, pero otra parte se va al transformismo. Es decir, si aparecen los tiburones, seguirán por millones de años, mientras no se extingan, pero, a la vez, algunos de ellos se irán de viaje hacia el transformismo y otros hacia el fijismo. Esto es solamente cosa de la imaginación y de la fe evolucionista, dado que lo único que se ha observado por miles de años es que las especies se mantienen dentro de su especie y nunca dan señales de ir hacia otra especie distinta (transformismo). Por eso, únicamente queda seguir su imaginación por un momento, para mostrar que sólo es eso: imaginación.

Imaginemos, pues, que una especie de musgo o algas se va trasformando en otras especies vegetales. Imaginemos que el musgo se va transformando en pasto. ¿Cuántos miles o millones de años se requieren para que un musgo se vaya transformando en pasto? Deben de ser millones de años, dado que desde que se conoce el musgo, nunca se han visto señales de irse trasformando en pasto, o ninguna otra cosa. Luego este pasto seguirá siendo pasto, pero otros pastos se irán trasformando en otras especies distintas, tal vez hacia un tipo de mata... Así podemos ir sumando millones y millones de años, buscando tal vez la imaginaria línea transformista hacia el árbol de manzanas. Por supuesto, 500 millones de años parecen muchos, pero a este ritmo son demasiado pocos. Y esto sólo sería por buscar un solo tipo de planta, faltarían los millones y millones de especies distintas de plantas, de artrópodos, de seres acuáticos, de aves, de animales. Tuvieron que inventar su "Explosión Cámbrica" para explicar la biodiversidad, porque, de otra manera, no hay tiempo suficiente.

Y falta restar a esos 500 millones de años y descontarle millones de años menos, ya que muchas, por no decir todas, tienen millones de años sin transformarse, según lo que divulgan los evolucionistas. Dicen, por ejemplo, que los helechos tienen 500 millones de años, siendo helechos, así que eso los descarta como mutantes hacia otra especie distinta; los tiburones, cuentan los evolucionistas, tienen 100 millones de años siendo tiburones; las tortugas tienen, divulgan los evolucionistas, 250 millones de años habitando el planeta; los humanos, cuentan los evolucionistas, tienen 200 mil años o más, de habitar el planeta; las hormigas, cuentan los evolucionistas, tienen 130 millones de años caminando por la Tierra… Y así podemos continuar con todas y cada una de las especies extinguidas y aún presentes, donde existen por miles y millones de años, siendo lo que son. Si tenemos sólo 500 millones de años para explicar la biodiversidad y salen con que en la mitad o la tercera parte de ese tiempo ya existía una especie y sigue siendo tal, cuando se necesitan miles de especies antecesoras distintas, eso recorta el tiempo estimado a simplemente imposible. Es como explicar diciendo que se requieren millones de años de evolución, pero bastan dos o tres especies distintas para evolucionar a una especie, cuando se requieren miles o millones de ellas, lo cual es absurdo.

Hay que restarle también a la multitud de especies que se extinguieron lo que significa que su imaginaria evolución queda interrumpida y tal especie no puede ser antecesora de ninguna otra más. Si los humanos se extinguen, obviamente, no pueden ser los humanos antecesores de otras especies distintas a los humanos. Y la cosa se complica mucho más, al saber que la inmensa mayoría de especies conocidas están extintas y las que aún existen son minoría. Los evolucionistas alardean mucho con los trilobites, por ejemplo, como seres que existen desde hace más de los 500 millones de años y los tratan como los antecesores de muchas especies. Sin embargo, nunca se han puesto a ver la posibilidad de que solamente sea una especie extinta más, y no una especie antecesora. Son muy mañosos, pues si encuentran un fósil con una especie desconocida, ya la acomodan con alegría como especie antecesora, y no se la ponen a evaluar o considerar como una especie posiblemente extinta; claro, no les conviene hacerlo. Da lástima ajena su falta de inteligencia y honestidad, pues hasta ya han descubierto trilobites vivos en la actualidad. Son tan ridículos los evolucionistas que hasta los llaman "fósiles vivientes", que es un término contradictorio, como hablar de "muertos vivientes". En lugar de reconocer que han engañado a los demás y divulgado ideas falsas, siguen en su mundo de fantasía y haciendo publicidad de ella como si fuera ciencia.

Otra pregunta que nunca se plantean los evolucionistas es la siguiente: ¿cuántas especies antecesoras se requieren para llegar a la especie X, por ejemplo, a la especie humana? No son dos, ni cinco, ni 20, sino miles, según la Conjetura Evolutiva. Por especie antecesora se ha de entender una especie que es lo suficientemente distinta a su anterior como para decir que eso es una especie distinta. Así, se dice que son 2,000 especies distintas las que se requieren para que aparezca la especie humana, y si, por fines de ser esquemáticos, suponemos que cada especie tuvo el mismo tiempo para irse trasformando, entonces dividimos 500 (millones de años) entre 2,000 (especies), da por resultado 0.25, es decir, únicamente 250 mil años para transformarse una especie a otra distinta, lo cual ni se observa, ni los datos que dan los evolucionistas son acordes con ello. Tan sólo ellos hablan de que los humanos tienen 150 mil años siendo humanos, o sea, sin dar señales de irse trasformando a otra especie.

En fin, considerando que solamente tienen 500 millones de años para explicar cómo es posible la biodiversidad los evolucionistas, y que todo está en su contra, también con esto queda refutada la evolución.

Sobre las mutaciones

Ya vimos repetidas veces que, dentro de la hipótesis evolucionista, un tipo de especie se va transformando gradualmente y en millones de años en otro tipo de especie distinta; por ejemplo, de un pez a un anfibio; de un reptil a un mamífero; de un simio a un humano. Para eso se requeriría una serie de mutaciones muy específicas: de especialización, de modificación morfológica con sentido, de innovación y creatividad, de nuevos órganos, miembros, huesos, pelo, piel y muchas cosas más que hacen distinguir una especie de otra distinta. También tales mutaciones transformistas tendrían que ser heredables de una generación a otra, ganando o perdiendo funciones. Serían mutaciones hacia un cambio de especie. El Dr. Raúl O. Leguizamón define las mutaciones como alteraciones al azar en la composición química de los genes.

Hay gran cantidad de mutaciones genéticas congénitas o adquiridas que son parte de problemas en la salud física o mental clasificadas por los estudios médicos. En el mejor de los casos, puede haber mutaciones neutras, es decir, que no se manifiestan a nivel fenotípico o no influye a nivel funcional. Tales mutaciones no tienen nada que ver con mutaciones transformistas, por la simple razón de que son perjudiciales o no favorecen a la especie ni indican que una especie esté transformándose en otra. Mutaciones suceden continuamente, pero que quede claro que no toda mutación es transformista o evolucionista. Pero ¿dónde están tales "mutaciones" transformistas?, ¿por qué no hay ninguna documentada y relacionada con los fenómenos médicos?... ¡Simplemente porque no las hay! La excusa o zafe de los evolucionistas es que no son perceptibles, pues son cosas de millones de años. Ante esta excusa, se desprende que no es posible hacer ciencia empírica de algo que no se puede percibir, ni medir, ni calcular, ni experimentar, ni predecir. También se desprende de tal excusa que, aunque las mutaciones transformistas acontecieran en millones de años, habría señales de ellas mostrando especies en transición hacia otra especie.

En la conjetura evolucionista, tales mutaciones transformistas se podrían observar si hacemos comparaciones entre una especie de hace miles de años y la actual. Comparamos, por ejemplo, los humanos de hace siete mil años con los humanos actuales... ¿Hay indicios o señales de mutaciones transformistas?... ¡Ciertamente ninguna! Siete mil años significa cero observaciones de mutaciones transformistas para humanos. Y todo lo que se multiplique por cero es cero. Si usamos el mismo margen de tiempo, ¿se observan mutaciones transformistas en algunas otras especies?... ¡Tampoco! Es más, los evolucionistas cuentan que los humanos tienen más de 800 mil años siendo humanos; que los cocodrilos y tortugas tienen millones de años sin modificación hacia otra especie distinta; que las plantas como los helechos ya existen desde hace millones de años..., en fin, total que las supuestas mutaciones transformistas sólo están en la imaginación de los evolucionistas y no en la realidad.

A pesar de esto, es de esperar que los evolucionistas digan que sí hay mutaciones transformistas y hasta en mucho menos márgenes de tiempo. Pero hay que ser muy críticos para darse cuenta de que no hay tales. Por ejemplo, hablan de una muy mentada *Drosophila melanogaster*, una mosca de las frutas que ha tenido diversas mutaciones genéticas. Efectivamente, tiene mutaciones genéticas, como las tienen también los humanos, donde aparecen variedades de esta misma mosca, como unas con ojos rojos, ojos blancos, alas cortas, alas curveadas, con cuerpos de distintos colores, etcétera. A algunos investigadores les gusta trabajar con estas moscas, gracias a su rapidez de reproducción y a que en poco tiempo se pueden apreciar muchas generaciones. Astutamente, llegan los evolucionistas y dicen alegremente que han sido testigos de mutaciones evolutivas (transformistas) ¡Pues no hay tales! Se corroboran datos de las regularidades de la herencia y variabilidad dentro de la misma especie, como cuando se estudian a los gatos o a los perros, donde hasta intencionalmente se interviene para hacer cruzas, según el gusto. Desafortunadamente, son muchos los evolucionistas que no se dan cuenta de que las regularidades de la herencia no tienen nada que ver con el transformismo. En ningún momento hay mutaciones que indiquen cambio de especie, solamente hay variedad dentro de la especie, como sucede con gatos, perros o humanos.

Bien por estudiar las regularidades de la herencia, dado que se pueden obtener interesantes conclusiones y hasta aplicaciones biológicas y médicas, sin embargo, las regularidades de la herencia tienen un límite: únicamente se pueden estudiar generaciones próximas, nunca lejanas, de miles de años no de millones de años, como lo pide la conjetura evolucionista. Las regularidades de la herencia no tienen nada que ver con las ideas evolucionistas, pues estas jamás indican trasformación de especie a otra distinta, siempre se mantiene dentro de su especie, por más mutaciones que aparezcan. Además, como atrás lo dijimos, las mutaciones observables son perjudiciales o inocuas, cosa que contradice al Transformismo. Bien lo señala el Dr. Raúl O. Leguizamón en su texto *Breve análisis crítico de la teoría de la evolución*:

> Es por ello que el 99.99% de las mutaciones estudiadas en laboratorio han sido dañinas, deteriorativas o letales. En el mejor de los casos han sido neutras, ya sea porque el gen alelo,

es decir, el que viene del otro progenitor, suple la función del gen dañado, o bien, porque el cambio ha sido insignificante y por ello no ha afectado la viabilidad del organismo. Por ello es por lo que, cuanto más grande sea la mutación, más peligrosa es para el organismo.

Las mutaciones transformistas no han de dañar órganos o funciones, sino, por el contrario, hacer novedades biológicas que apunten hacia una pérdida progresiva de la esencia de la especie para ir retomando otra nueva esencia. Por ejemplo, los evolucionistas imaginan que las aves evolucionaron de los reptiles. Entre un reptil y un ave, hay muchas diferencias biológicas, donde las más evidentes son las plumas y las alas. ¿Hay algún tipo de reptil actual que esté dando señales de estarse transformando en ave, con pequeñas plumillas o alas nacientes?... ¡No! Los transformistas tienen que traer a un ser del pasado imaginario que parezca estar en transición con pequeños organelos que parecen plumas y alas en ciernes. ¿Podemos imaginar alas en nacimiento en un reptil? Los reptiles que vemos tienen sus extremidades tan especializadas que pensar unos reptiles con alas en ciernes es pensar en novedades que lejos de ser una especialización o adaptación serían un gran estorbo... Una media pata y ala, a la vez, ¡qué estorbo e inutilidad sería! De la misma forma podemos suponer cada transformación de un miembro u órgano ya especializado al intento de especializarse en otra cosa, pero inevitablemente se estaría produciendo una novedad perjudicial para la sobrevivencia. Si no se comprende, imaginemos el asunto al revés: el que las alas de un colibrí se estén mutando hacia unas patas... ¿Ven el daño tan grave? Patas y alas son cosas tan especializadas que pensar en intermedios de ambas sería algo perjudicial, dado que sería una progresiva pérdida de especialización letal ¡Pues así es en sentido contrario!

Si la hipótesis evolucionista fuera cierta, todo órgano, miembro o parte de cada ser vivo estaría en transición, nunca totalmente especializado; todo a un cuarto, un medio, tres cuartos de función, con mutaciones raras y sin sentido, ¡cosa que no se ve en ninguna parte! Todo lo que vemos está a un entero de función. Cada parte, de cada ser vivo, en estado normal, está completamente especializado y cumpliendo su función. Es impensable que una mano humana, por ejemplo, necesite algo más para ser algo extra sin que le perjudique. Si una mutación hace que una persona tenga seis dedos o que carezca de uñas, eso no será ninguna ventaja, sino una mutación incómoda. ¿Qué les falta o qué les sobra a las funciones del ojo humano?... ¡Nada, están completas! Si una persona dice que sería una ventaja poder ver en la oscuridad o tener mayor alcance como la vista de un águila, simplemente no sabe de lo que habla, porque si realmente lo tuviera, se daría cuenta de lo perjudicial que sería tal función. Todo está a un entero de función, y las imaginarias mutaciones transitivas suponen que nada está entero. En otras palabras, los organismos están formados por partes que sólo funcionan si están completos y tal como están, y si les aconteciera una mutación que los modificara, simplemente sería en su perjuicio o no funcionarían adecuadamente. Así que las supuestas mutaciones transitivas no pueden hacer mejorar ni mucho menos hacer que una especie se transforme en otra distinta.

Es en la conjetura evolucionista donde dan por hecho que toda especie está en transición a otra especie distinta a ella, cosa que no se ve en absoluto, no hay ninguna señal, ni siquiera si le damos miles de años como para hacer un margen de tiempo importante y observar alguna señal. Que todas las especies son transitivas, en realidad para los evolucionistas es un postulado o una creencia de fe y les queda su zafe más famoso, de que es cosa de millones de años. No tienen manera de demostrar tales mutaciones transitivas.

Es parte del truco evolucionista nunca dar criterios claros de sus postulados. Si tuvieran ciencia, podrían dar criterios claros, por ejemplo, de lo que es una mutación transitiva y de lo que sería una mutación no transitiva. ¿Cómo es una mutación transitiva?... ¡No tienen ni idea! Para ellos todo está en transición, aunque no saben qué sea eso en realidad.

Otro zafe evolucionista es esconderse tras la genética. Dicen que hay mutaciones genéticas que no se manifiestan ni morfológica ni fenotípicamente. Dicen cosas como que la "Evolución es el cambio en la frecuencia de alelos". Esto en realidad son datos interesantes para analizar datos genómicos de poblaciones, pero en realidad nada tiene que ver con lo que hemos dicho lo que es el Transformismo.

Con ideas genéticas pueden decir innumerables cosas y pueden fantasear con genes cooperativos y egoístas, como imaginó el charlatán de Richard Dawkins, por ejemplo. Creen que antropomorfizando a los genes llamándolos cooperativos o egoístas, o sea, antropomorfizándolos, es un trabajo serio y científico. Los evolucionistas, si pretendieran un rigor naturalista o ajeno a los dioses, no tratarían a las mutaciones o genética como algo ordenado, sino azaroso e impredecible.

Nuevamente, parten de supuestos como el de antropomorfizar genes, y de allí sacar sus conclusiones fantásticas, al fin, lo único que se requiere es mucha imaginación y retórica para convencer a los demás, aunque sea mentira. Estamos en el terreno fantástico conocido como *neodarwinismo*, donde consideran el gen como la unidad evolutiva fundamental; se olvidan de los individuos para enfocarse en los genes y desde ellos armar conclusiones *ad hoc*. Dicen que la evolución opera en los genes y no en los individuos. Claro, no pudieron demostrar la macroevolución y se esconden en su imaginaria microevolución, y les ha funcionado para adoctrinar a muchos, pues, ¿cómo se pueden constatar las mutaciones genéticas sin que cualquiera lo pueda constatar morfológicamente? Hasta dicen que las mutaciones evolutivas acontecen continuamente, pero no se manifiesta a nivel fenotípico. ¡Vaya mañosos!

Nos encontramos con otra paradoja e inconsistencia: si el Transformismo opera por mutaciones al azar, nada puede ser predecible, pero los evolucionistas tratan a la Evolución como algo ordenador, como algo que persigue fines; como algo que lleva a perfeccionar a los seres vivos; como algo que los ayuda a sobrevivir y adaptarse al ambiente; como algo que los diversifica; como algo que los crea y les da innovaciones a los seres vivos. Han deificado a la Evolución.

Con la aclaración de qué son y qué no son las mutaciones biológicas, y, con ello, que no son mecanismos transformistas, se ha refutado el Cuento Evolutivo.

Las semejanzas y el supuesto de que hubo un solo origen de la vida en la conjetura transformista

Creen los evolucionistas que el hecho de que entre especies haya semejanzas, como las fisiológicas, las morfológicas, las genéticas y las de comportamiento son, por supuesto, puntos a favor de la Evolución y, además, las presentan como su mayor prueba y bandera. Pero, en realidad, son puntos EN CONTRA DE LA EVOLUCIÓN. ¿Por qué? Por una simple razón: si somos exigentes y coherentes con la conjetura evolucionista, es falso que deba haber un solo origen de la vida. La idea de que hubo un solo origen de la vida, y de allí empezó todo el espectáculo vital, fue copiada de las ideas de los textos religiosos. En coherencia evolucionista, el origen de la vida debería de ser espontáneo, gracias a las propiedades materiales. Si esto lo creen así, el origen de la vida no necesita circunstancias extremas para generarse espontáneamente, sino que bastaría con que todos los elementos estuvieran disponibles y hubiera un clima generoso, como el actual, para que no se diera un solo origen de la vida, sino innumerables. Y si debiera haber innumerables orígenes de la vida INDEPENDIENTES, nada puede justificar que coincidan en semejanzas todos en las formas de los seres vivos, como los que ahora conocemos. Es decir, debería estar la naturaleza toda confusa; nada de que se asemejen en su morfología, en su fisiología, ni en su genética. ¿Por qué se tendrían que parecer si materialmente cupiera una infinidad de formas sin semejanzas entre ellas?

Por lo tanto, efectivamente, son puntos en contra.

Por otro lado, el que haya Semejanzas, de allí, no se sigue que hubo evolución necesariamente, pues hay un factor que los evolucionistas no toman con seriedad: la extinción de las especies. Cuando encuentren un fósil de una especie no conocida, antes de que lo cuelguen en sus árboles navideños imaginarios evolutivos, dependiendo a cuáles especies se parece según sus semejanzas, primero deberían indagar si fue una especie que se extinguió y no pudo evolucionar más. La extinción es algo que tarde o temprano a todas las especies les acontecerá. Hay muchas razones por las que una especie se puede extinguir, por ejemplo: una enfermedad que mate a todos los miembros de la especie; el exceso de depredadores que acabaron con todos sus miembros, o al menos con las hembras; una catástrofe natural, como una inundación, una sequía prolongada, climas extremos; la pérdida de alimento o agua disponible, eventos cósmicos…, en fin, muchas otras razones más. Si todavía hay alguien cree que la extinción no impide la evolución, piense el caso de que se extinguieran los humanos, o cualquier otra especie…: ya no evolucionarán, pues hasta aquí llegaron.

Hasta ahora, los paleontólogos evolutivos cuelgan alegremente sus fósiles en sus arbolillos navideños, bastándoles observar las Semejanzas que encuentran. Si encuentran que tal huesillo, tal huella, tal ala, tal forma es semejante a alguna especie conocida, con falsa confianza ya pueden divulgar y poner en revistas o cualquier otro medio de comunicación que han encontrado el antecesor de un reptil, un insecto, un mamífero, un pez, del humano, en fin. Y por si no fuera suficiente tal desfachatez, se ponen, con su gran imaginación, a reconstruirlos, ya sea como dibujo, con el arte forman en bulto la figura, por vía de las tecnologías por computadora o video, y como por arte de magia, de un diente, por ejemplo, ya sacaron todo el aspecto del supuesto antecesor, y listo para ponerlo en disposición para ser divulgado triunfalmente. Para ellos, agregar extremidades, colores, escamas, carnes, pelo, ojos, son detalles sin mayor importancia, pues para ellos su gran descubrimiento fue que encontraron semejanzas, ignoraron el factor de la extinción. En la vergonzosa forma de razonar de los evolucionistas, abrumada de tantas ambigüedades, supuestos, opiniones, imaginaciones, imprecisiones y tautologías, dicen cosas como: "si hay semejanzas, es prueba de evolución"; "si se demuestran las semejanzas, se demuestra la evolución". ¡Pero momento! Son tantas las especies que se han extinguido y tantos los motivos que, al menos, por decencia, deberían antes de divulgar sus ficciones, investigar si tal fósil pertenece a una especie extinguida o realmente a un antecesor evolutivo. El problema es el siguiente: ¿cómo lo harán?, ¿cómo harán para distinguir que tal fósil pertenece a una especie extinguida, a pesar de las semejanzas, y no a un antecesor evolutivo? No se trata de que den más conjeturas, sino de que hagan demostraciones. Para saber si una especie ya se extinguió, basta con observar que ya no queda ni un miembro de esa especie; para saber si no se extinguió, sino que evolucionó, ¿cómo lo harán si no bastan las Semejanzas? Pero como los evolucionistas ven tan obvio las Semejanzas como pruebas de evolución y no han podido salir de ellas, están en un callejón sin salida. Todo su castillo flotante está construido sobre las Semejanzas, y se les ha caído, sólo que no se han enterado.

Las Semejanzas son evidentes y sería una necedad el negarlas. Por sí mismas no pueden ser evidencias del Transformismo o Evolución, porque entonces sería como apropiarse de un hecho y forzarlo a la hipótesis. Es una deshonestidad ajustar los hechos a la hipótesis, cuando lo honesto es ver si la hipótesis se ajusta o no a los hechos. Antes de la conjetura evolucionista, ya se sabía de las semejanzas entre los seres vivos, y que alguien llegue diciendo que eso es prueba de la evolución, necesitaría demostrarlo; pero ¿cómo lo demostrará? Pues los evolucionistas dicen que lo prueban con las mismas semejanzas... ¿Ven lo tramposo que es? Es como decir que el hecho de la vida es un accidente espontáneo de la materialidad (hipótesis abiogenéticas), tratándolo de probar porque existe la vida. No se demuestra por qué es un hecho con el mismo hecho, porque el hecho no está en discusión, sino la hipótesis que está por demostrarse, y no es con el mismo hecho.

Si usamos el método de la contrastación, las Semejanzas, como posibles pruebas de la patraña evolutiva, serían contrastadas con su opuesto, es decir, con la carencia total de semejanzas entre especies, lo cual no existe y es absurdo. Imaginen: si una especie tiene nariz, ninguna otra la ha de tener; si unas tienen estómago, ninguna otra lo ha de tener; si una tiene alas, ninguna otra la ha de tener; si una tiene ojos, ninguna otra los ha de tener; si unas tienen patas, ninguna otra las ha de tener; si una tiene cerebro, ninguna otra lo ha de tener; si unas tienen genes, ninguna otra los ha de tener..., en fin, ¡es un absurdo!

Si al evolucionista le es tan claro que las semejanzas son pruebas de su cuento, debería imaginar cómo serían las especies si no hubiera Evolución, al menos, para contrastar su creencia. Sin embargo, patéticamente, para él las semejanzas se contrastan con las semejanzas. No sé si es para dar risa o lástima, pero contrasta su hipótesis con su misma hipótesis. No contrasta su hipótesis con una hipótesis opuesta, que es de lo que consiste la contrastación; no contrasta el blanco con el negro, sino el negro con el mismo negro. Obvio, no es una contrastación, pero para su limitado razonamiento, sí.

Quienes sabemos que la Evolución es mera charlatanería, las Semejanzas es una necesidad clara para que la vida sea posible en toda su diversidad. Unos seres diversos que no compartan ninguna semejanza son algo simplemente impensable e insostenible. No se necesita de la conjetura evolucionista para comprender el sentido de las Semejanzas. Por sí mismas, no son pruebas del Transformismo. Para demostrar que la Evolución es real, no basta con comparar especies, se requiere otro tipo de pruebas. Pero los evolucionistas no tienen idea de cómo han de ser estas pruebas. Más adelante expondré cómo deberían ser los intentos de pruebas de la hipótesis evolucionista, en vista de que los mismos evolucionistas no saben cómo y solamente piratean ideas de otros, divulgan dizque pruebas que no lo son, hacen falsas contrastaciones, entienden por evolución lo que no lo es y manipulan la información mañosamente.

Por lo tanto, las Semejanzas, a partir de un solo origen, no son pruebas de la Evolución, sino un factor más en su contra. Con las Semejanzas, la patraña evolutiva queda refutada.

Sobre la falacia de que el parecido implica parentesco

El evolucionismo nació y se volvió un monstruo que sigue mamando por el mantra o postulado de que "el parecido implica el parentesco". Es sobre este postulado que todo su castillo evolucionista está construido; es su cimiento ficticio. Con su gran imaginación, hacen ramificaciones que caben perfectamente en sus arbolillos navideños evolutivos: que si los chimpancés y bonobos guardan semejanzas morfológicas y hasta genéticas con los humanos, por ejemplo, ya por eso concluyen alegremente los evolucionistas que son nuestros parientes. Se les olvidó que las ciencias hacen demostraciones, no suposiciones. El postulado de que "el parecido implica parentesco" no es un axioma lógico, no es verdadero por sí mismo, sino que ha de demostrarse o rechazarse si es indemostrable. No obstante, los evolucionistas, a partir de Darwin, lo ven como una obviedad, tan verdadero como la existencia del Sol.

Observar las semejanzas y diferencias entre los distintos seres vivos es cosa que hasta los niños pueden notar y concluir si se les hiciera creer que el parecido implica parentesco, lo mismo que un autonombrado "científico" evolucionista. Hacer clasificaciones según diferencias y semejanzas es cosa de niños y no requiere mayor inteligencia. Sin embargo, los evolucionistas suponen que han descubierto la gran cosa capaz de darle forma a la biología y únicamente están haciendo lo que podrían hacer los infantes. Bien se les puede decir a los niños, adoctrinados por los evolucionistas, que visiten el zoológico y que vayan a buscar a sus parientes cercanos y se irán sin titubear a buscar a los simios. Los mismos niños pueden clasificar los diversos animales, según sus semejanzas y diferencias morfológicas, y pueden armar sin problema los arbolillos evolucionistas. No hay ciencia en esto. Otra vez, los evolucionistas dan saltos injustificados de la simple observación a la conclusión, olvidándose de actuar según corresponde a las ciencias empíricas, con reproducción, experimentación y predicciones. Los evolucionistas se olvidaron de que debían demostrar que el parecido implica parentesco, pero nunca lo han hecho, pues para ellos bastaba con darlo por hecho y divulgarlo como descubrimiento científico. Nuevamente, hay que decirles a los evolucionistas cómo se debe proceder si pretenden conocimiento científico.

Para demostrar que el parecido implica parentesco, tienen estas tres opciones:

1. Reproducir la evolución de una especie hacia otra distinta. Es recomendable que experimenten con humanos, para que así todos lo podamos constatar y no se vayan a juguetear con bacterias y nos hagan creer el cuento de que ya las hicieron evolucionar sin que lo podamos constatar por nosotros mismos. Que apliquen los supuestos mecanismos que hacen evolucionar en los humanos, para que así pasemos a la especie superior, para que así hagan realidad el sueño nietzscheano del *Superhombre*. —Nótese el sarcasmo—. Nietzsche fue influido por el evolucionismo y en su texto *Así habló Zaratustra*, concibió a su Superhombre, donde el hombre sólo es un puente del animal al superhombre. Por supuesto, Nietzsche no lo planteaba en sentido bio-

lógico, sino más psicológico, del que supera la moral (cristiana). Ahora les toca a los evolucionistas superar al humano haciéndolo evolucionar biológicamente, a la siguiente especie, basta con acelerar el proceso. Bueno, eso sólo si tiene la ciencia evolucionista... ¡Pero no la hay, ni habrá! La ventaja de experimentar con humanos es que se puede acelerar su proceso evolutivo como ninguna otra especie, basta con elegir candidatos dispuestos a someterse a los exigentes mecanismos evolutivos. Pero lástima, porque ellos ya se cortaron la rama en la que estaban posados. Los mecanismos, factores, vectores, influencias, presiones, etcétera, que hacen posible la evolución de las especies, en realidad, únicamente habitan en la imaginación evolucionista, si existieran ya se hubieran aplicado en la realidad. Mejor, los evolucionistas dejan las cosas a la magia de Los *millonesdeaños*, dado que ella sí sabe cómo hacer evolucionar de una especie a otra distinta. La torpe inteligencia humana no puede competir con la magia de los *millonesdeaños*.

2. Igual que la anterior, aunque a la inversa. Como ya vimos que físicamente no existe el Tiempo, no hay flecha del tiempo, no hay nada que impida que, si la Evolución fuera real, se experimente en la *retro-evolución*, es decir, dirigir la evolución hacia la especie antecesora. También se recomienda hacerlo en humanos, para que se apliquen y sean las menos generaciones posibles.

3. Hay que subirse a una máquina del tiempo para viajar al pasado. Por supuesto, también es sarcasmo, porque

el evolucionismo, por ser una ficción ya refutada por conocedores, no exige seriedad al refutarlo. No hay manera de retroceder el Movimiento Vital (porque ya vimos en otro capítulo que el Tiempo no existe en física). Así que nunca habrá eso de una *máquina del tiempo*. Pero imaginemos que nos subimos al DeLorean de *Back to Future* y nos vamos a buscar a los *australopithecus* y nos traemos un ejemplar. Una vez ubicados en la prehistoria, hay que grabar en video a las especies anteriores a los humanos o, mejor, traer al presente ejemplares *semihumanos*. Luego aplicamos la ciencia evolucionista, que conoce todos los mecanismos evolutivos, y aceleramos su evolución, esperando que sean las menos generaciones posibles, hasta llegar a algo más semejante a los humanos.

Tratar de demostrar científicamente, es decir, con demostraciones empíricas de reproducción del evento o predicción exitosa, que el parecido implica parentesco, es cosa simplemente imposible y, a pesar de eso, los transformistas lo dan por un hecho y colocan falsas pruebas como si fueran ciencia. Esto no merece respeto, por eso usamos el sarcasmo, por lo burdo de dizque pruebas y la necedad reiterativa.

Ahora bien, es preciso ayudarle al razonamiento a conducirse correctamente, y para ello sirven los puntos de referencia que nos hagan colocarnos en la mejor perspectiva de las cosas. Es fácil que el razonamiento se desvíe al error, porque da por hecho cosas que parecieran obvias cuando no lo son.

En este caso, pareciera una obviedad que el hecho de que haya semejanzas y diferencias entre seres vivos y más semejanzas entre algún grupo de seres vivos que en otros y de allí las clasificaciones de tipo, orden, clase, familias, especie, etcétera, nos lleve la imaginación ante tal hecho hacia el creer que también es un hecho que estamos relacionados parentalmente entre especies. No vamos a ignorar la influencia del Transformismo en estas clasificaciones. Ya el hablar de clasificaciones de diferentes especies en una sola "familia", por ejemplo, es producto transformista y un abuso de esta palabra. Sin embargo, son tan claras las semejanzas entre algunas especies, que efectivamente pareciera que estuvieran relacionados como parte de un grupo especial. Para no dejar que la imaginación lleve al razonamiento a conclusiones apresuradas y falsas, nos ayudaremos de una referencia por necesidad: es necesario que las especies sean lo que son, para que puedan ser lo que son. Parece un juego de palabras, pero tiene sentido si lo analizamos.

Tratemos de poner de referencia una escena hipotética opuesta a que, según los transformistas, la única razón de las semejanzas es por sus hipótesis evolucionistas. Tendríamos que imaginar seres vivos sin absolutamente ninguna semejanza. Solamente una especie podría tener dientes y colmillos; sólo una especie podría tener alas; sólo una especie podría tener columna vertebral; sólo una especie podría tener sistema nervioso; únicamente una especie podría tener sangre y corazón; sólo una especie podría tener piel o pelo... En fin, baste con esto para darnos cuenta de que es una situación imposible, impensable, insostenible. Las especies fueron creadas de tal manera que puedan ser parte de un sistema relacionado e interdependiente, y la única manera de que sea así es porque las especies sean como son y no de manera opuesta a lo que son. El que los monos tengan manos semejantes a las de los humanos no es porque necesariamente sean sus parientes o unos procedan de otros, sino porque es necesario que las especies sean como son para que puedan ser tales. Las semejanzas entre especies no dan por hecho las parentelas, sino que manifiestan el hecho de que somos parte de una misma Creación, con sentido y finalidad. Lo concorde a la conjetura transformista no es el orden y la finalidad, sino el desorden y los absurdos, que por cierto están ausentes en el sistema de la vida en general.

Por lo tanto, ya expusimos cómo sería una demostración real de la hipótesis de que las semejanzas implican parentesco, lo demás es piratear ideas propias de la Creación y ajustarlas al Cuento Transformista cuando no son de su propiedad. Nuevamente, se ha refutado el mantra transformista con solamente verlo en su real perspectiva.

Conclusiones a la caída del transformismo

Se pueden seguir proponiendo más formas de echar abajo al Transformismo, pero bastan con estas para que sea suficiente y no seguir siendo engañados por esta ideología materialista y atea. Al igual que las demostraciones filosóficas de la existencia de Dios, donde es suficiente con que una sea correcta para lograr la demostración, así mismo, con cualquiera de estos argumentos o los que se encuentren en otros críticos al

Evolucionismo/Transformismo logramos percatarnos de que es una falsa ciencia y que no es más que un dogma materialista o cientificista ateo.

Como pudieron ver, no es necesario meterse a analizar las conjeturas habidas y por haber de los evolucionistas primeros hasta los que lleguen, porque sería cosa de nunca acabar, ya que su límite es la imaginación y no el rigor científico. Resta con que confiemos en nuestra racionalidad y hasta sentido común con principios filosóficos, para echar abajo esa imaginaria Montaña de Evidencias evolucionista/transformista. No es necesario hacer un rodeo cuando podemos irnos directamente a los hechos; no es necesario armar un tratado de cinco mil hojas de análisis de todos y cada uno de los supuestos argumentos a favor del Transformismo, cuando por simple deducción racional, nos podemos enterar de la falta total de ciencia de esta Ideología materialista.

Mi aportación a la crítica al Transformismo en este texto fue el dar un enfoque basado en razonamientos filosóficos, sobre todo en los temas sobre el Tiempo y el Movimiento, lo cual es en cierta manera algo novedoso al grado de contradecir no sólo a los evolucionistas, sino también a muchos pensadores anteriores y actuales que no lograron o no logran entender lo que es el Tiempo o el Movimiento en sentido filosófico, ya sea confundiendo ambos términos o bien dándole cualidades metafísicas a lo que ni siquiera existe físicamente.

La crítica al Transformismo ayuda a comprender que la idea de ciencia actual es nefasta por estar impregnada de materialismo, positivismo, cientificismo y ateísmo, por eso apesta y ofende al buen juicio y correcta forma de razonar. También nos hace sospechar que otras conjeturas como las del Big Bang bien pueden ser de la misma calaña y dignas de ser echadas al basurero de los cuentos inútiles, entre otras divulgaciones cientificistas.

Hay que decir que no es fácil darse cuenta de la falsedad del Evolucionismo/Transformismo cuando te lo enseñan por muchos medios desde pequeño, pero hay que agradecer que haya alguien que venga y nos señale de que hemos sido engañados, no necesariamente con mala intención, como generalmente sucede, sino como una cadena de falsas creencias que pasan de una conciencia a otra. Romper con esta cadena ideológica cientificista, eso sí es para celebrar.

CAPÍTULO 9

La idea de ciencia actual apesta

Dijimos atrás que "LA CIENCIA" no existe, que lo que existe son LAS CIENCIAS, o mejor, lo que realmente ha existido son humanos, descubriendo, inventando, construyendo, aportando... ¿Ven la diferencia en expresiones y cómo el lenguaje puede ser más preciso sin caer en ideologías? A menos que sean platonistas y crean en cosas como un Mundo de las Ideas, donde la idea "La Ciencia" viene de ese mundo trascendente y nuestra idea de Ciencia es copia de aquella, lo cual sería un dogma de fe más; lo cierto es que la abstracción "La Ciencia" es un error y responde a una inercia de siglos, que es la de imponer Autoridades Abstractas para manipular las conciencias. Cuando se dicen cosas como: "la Ciencia ha descubierto...", "la Ciencia ha aportado...", "la Ciencia ha avanzado...", "la Ciencia ha permitido...", "la Ciencia bla, bla, bla"...; no es más que esa vieja y caduca expresión ideológica cientificista.

Para ser más claros, elijan qué es más preciso o correcto decir:

a) La Ciencia descubrió la vacuna contra la viruela.
b) La ciencia médica descubrió la vacuna contra la viruela.
c) Edward Jenner descubrió la vacuna contra la viruela.

No se hagan pendejos y salgan con que las tres son correctas o se entienden por igual. La opción c es la más precisa o correcta. El Lenguaje científico debe ser lo más preciso posible y evitar el uso de metáforas, figuras retóricas o símiles para expresar sus conceptos, que eso hay que dejárselo a la literatura.

Ahora bien, si la cosa "La Ciencia" no existe en la realidad, lo que sí sabemos que existe son los humanos que han aportado y aportarán cosas a la humanidad. Algunas de esas aportaciones están dentro de ciertas disciplinas como la Medicina, la Química, la Biología, la Física, etcétera, y a esas disciplinas se les clasifica como "ciencias", lo cual puede ser correcto, siempre y cuando no se metan ideas charlatanas como las que ya hemos refutado.

Es necesario tener un criterio para saber qué sí es una aportación científica y qué no lo es. ¿Cuál es ese criterio?

Antiguamente, el criterio era si algo es verdadero o era falso. Lo que resulte verdadero será conocimiento científico, y lo que resulte falso no será conocimiento científico.

Pero luego, a raíz de la tendencia positivista y después cientificista, que trataba de ir en contra de lo que la hegemonía religiosa imponía, en que se les ocurrieron muchas conjeturas como el Evolucionismo, el Bigbangnismo, el Heliocentrismo, las ocurrencias en torno a la Multifuncional Gravedad, que las controversias entre modelos atómicos y demás conjeturas de los "físicos teóricos"; ante tales divergencias se les ocurrió a algunos sujetos que se necesitaba un criterio distinto al que si es verdadero o falso.

Hubo quien propuso que un criterio de la Falsación, que consistía básicamente en que, si hay un modelo explicativo vigente de algo, es necesario que haya otro modelo que trate de falsearlo, es decir, que trate de refutarlo. Al contrastar los dos modelos o más, bien pueden resultar refutados, confirmados o complementados. Ante este criterio, los modelos serán siempre provisionales. El criterio se trata de descubrir la posible falsedad más que encontrar la verdad. Este modelo no sirve para saber qué es ciencia y qué no, es decir, qué es verdadero y qué es falso, sino sólo sirve para evaluar hipótesis.

Otro sugirió algo similar, colocando los distintos modelos como paradigmas para ser derrumbados, es decir, un paradigma derrumba a otro, por lo que el criterio sería el consenso entre las llamadas "comunidades científicas". Si tal comunidad "científica" avalaba un paradigma, sería tomado como conocimiento científico mientras llegara otro que le supere y lo cambie. Por supuesto, tampoco es un criterio correcto para definir lo que sea científico y lo que no lo es, porque la verdad no es cosa de gustos, ni de mayorías, ni de modas.

En vista de que los modelos o conjeturas que he mostrado, que merecen ser puestas en duda, ser tomadas como falsas o charlatanas y, por ende, no son realmente ciencias, entonces queda regresar al primer criterio: o es verdadero o es falso o es sólo una hipótesis provisional. Con este criterio queda fuera lo vero-símil, es decir, aquello que al parecer verdadero es suficiente para divulgarlo con la etiqueta de "Ciencia".

Para que quede más claro, pongamos un ejemplo:

Edward Jenner descubre la vacuna contra la viruela. Lo descubrió gracias a la experimentación y observando la efectividad de la vacuna por sus resultados exitosos. Desde ese siglo XVIII en que se descubrió hasta hoy, dicha vacuna sigue siendo efectiva. Esto no hay quien lo dude porque sí es un conocimiento científico y es algo verdadero. En este ejemplo, no sirven de nada los criterios de falsación ni por paradigmas en consenso, porque los resultados evidentes, reproducibles, predictibles y sus aplicaciones prácticas no dejaba margen de duda, por lo que salían sobrando. El criterio fue el de verdad o falsedad. Si Edward hubiera propuesto otra cosa y no hubiera dado resultados positivos, entonces sería tomado como una idea no científica.

En cambio, cuando es una conjetura que no tiene modo de ser reproducida, de hacer acertadas predicciones, que es carente de reales aplicaciones prácticas, que no puede ser observada directamente…, como el Evolucionismo/Transformismo, por ejemplo, entonces sí sirven los criterios de falsación y de paradigma a los cientificistas, porque así pasa por un modelo provisional y hasta etiquetado como "ciencia". Hay que decir que es válido que a la gente se le ocurra las conjeturas que quieran, pero no deberían divulgarlas, hasta que las demuestren. El problema es que las creen y divulgan sin demostrarlas; las difunden a humanos a tempranas edades que todo pueden creer; las divulgan por todos los medios; las publican como si fueran verdaderas; las pregonan como si fuera conocimiento científico… A este tipo de criterio de ciencia es al que hay que ponerle fin.

El criterio que necesitamos es el que nunca debió hacerse a un lado: el de si es verdadero o falso tal conocimiento, y para ello nos sirve la DEMOSTRACIÓN, pero una demostración real, que no salgan con la tontería de que basta que sea una "explicación coherente" o que parezca posible. Ya les dije atrás que, para explicar las cosas, hasta con mitos, leyendas o mentiras, y aun así no es suficiente para ser considerado como algo verdadero. HAY QUE DEMOSTRAR CON EFECTIVIDAD, NO SÓLO CON EXPLICACIONES. El criterio para saber si algo es científico o no será la DEMOSTRACIÓN REAL. Cuidado con las falsas demostraciones. Tenemos cinco maneras de la demostración. Por supuesto, todas deben ser exitosas y reales.

1. Por la definición (Siempre y cuando sea una buena definición)
2. Por predicciones
3. Por reproducción del evento
4. Por observación directa
5. Por aplicaciones prácticas

Para que se comprenda mejor, vamos a poner ejemplos de cada una de ellas.

Demostración por la definición. Cuando definimos Dios, como *Lo que creó el Cosmos y la Vida,* demostramos con la sola definición que los Ateos en realidad sí tienen un dios, porque también creen que Algo creó el Cosmos y la Vida, que para ellos es la Todopoderosa Materialidad, creída por dogma de fe. Para la Filosofía, en cambio, esa definición ayuda para demostrar que tal Algo creador del Cosmos y Vida es algo inmaterial y proporcional a ambos, no creída por dogma, sino por deducción lógica y una verdad absoluta para los humanos que razonan correctamente.

Demostración por predicciones. A propósito de la vacuna de la viruela, se puede predecir que, si tal grupo de personas es vacunado, no se contagiará de viruela. Luego se verifica que efectivamente tal grupo de personas no se contagió, a pesar de estar expuesto al virus. Entre más sea el grupo de personas que quede vacunada, mejor será la predicción. Una falsa predicción es, por ejemplo, que se van a encontrar fósiles y con eso se demuestra que el Transformismo es cierto. Esto es una falsa predicción, porque los fósiles son cosa ordinaria que siempre se pueden encontrar, pero por sí mismos no pueden demostrar el Transformismo, porque tal vez son de restos de seres extintos sin conexión transformista o algo malinterpretado.

Demostración por reproducción del evento. Alguien experimentó con el trasplante de corazón y después de varios ensayos y errores, logró el éxito del trasplante. Tal éxito se comprueba y demuestra las veces que quieran repitiendo los trasplantes, es decir, se reproduce el evento. Esto es conocimiento científico. Una falsa reproducción del evento es, por ejemplo, querer reproducir el evento del Big Bang con cálculos matemáticos que parten de supuestos y luego lo "reproducen", pero de forma virtual, no real. Esto no es conocimiento científico.

Demostración por observación directa. Cuando se descubrieron químicos anestésicos, había que ponerlos a prueba con demostración directa. Mientras se fueron perfeccionando, se requería igualmente la demostración directa para corroborarlos. Esto es una demostración científica real. En cambio, una falsa demostración directa sería cuando un individuo afirma que descubrió de qué está compuesto el Sol, y dice cosas como que el setenta y uno por ciento es hidrógeno, veintisiete por ciento es helio y dos por ciento, elementos pesados. Esto lo sacaron dizque observando al Sol. Obviamente, esto sería otra charlatanería, porque no es una real observación directa, porque si fuera por observación directa, bien podría hacer un pequeño sol compuesto con tales elementos, si es que está seguro de lo que afirma. En realidad, nadie puede saber de qué está compuesto el Sol, más que puras suposiciones. Les repito que el *conocimiento en sí* solamente es para los inventos humanos, porque para todo lo demás, no es posible.

Demostración por aplicaciones prácticas. Muchos de los conocimientos de la química y la física se aplican para los inventos tecnológicos, los cuales tienen forzosamente aplicaciones prácticas. Sin duda, las tecnologías están llenas de conocimientos científicos que se verifican por sus aplicaciones prácticas. Por lo contrario, aquellas cosas que se espera que tengan aplicaciones prácticas para ser demostradas resulta que no las tienen cuando nos ponemos exigentes a que nos las demuestren.

Pensemos en la Gravedad, que casi todo mundo la da por hecho como una verdad absoluta su existencia: sin embargo, no tiene aplicaciones prácticas. Lo que digan sobre el orden del Cosmos, donde la supuesta Gravedad le da la magia de su orden, está completamente fuera de aplicaciones prácticas, así que las ignoramos y la dejamos en el cajón de los supuestos. Queda si la supuesta existencia de la Gravedad tiene aplicaciones prácticas en la vida cotidiana. Entérense que la caída de los cuerpos y sus movimientos, las tecnologías de los aparatos voladores y todos los fenómenos físicos, tienen relación no con la supuesta Gravedad, sino con el hecho evidente del ambiente aéreo en el que habitamos o el ambiente acuático. Un objeto que resume todos estos fenómenos puede ser un avión, su tecnología y posibilidad de volar, es porque está montado en el aire, por el cual puede planar e impulsarse. Si le quitas el agua a un pez, no podrá nadar; si le quitas el aire a un ave o a un avión, no podrán volar. ¡Es así de simple! ¡Nada tiene que ver la imaginaria Gravedad! Lo mismo ocurre cuando caen dos objetos de diferente peso y forma al mismo tiempo. A este fenómeno le adjudican el poder de la multifuncional Gravedad, pero no es así, porque esto sucede cuando se omite la resistencia al aire, porque si no fuera así, caerían a distinta velocidad. La caída de los cuerpos se demuestra por dos factores que ocurren:

1. El ambiente en donde esté un objeto. No es lo mismo estar en el agua que en el aire, no es lo mismo estar en un nivel de presión aéreo o acuático que en otro; no sería lo mismo, dentro de la atmósfera terrestre, que fuera de ella.
2. Las propiedades físicas de cada cosa o elemento. No es lo mismo ser un gas, ser un líquido o un ser un sólido. Propiedades como la densidad y las formas influyen en el cómo cae, o si en lugar de caer se eleva o se suspende. Esta es otra falsa prueba práctica de la Gravedad, que sospecho, por fuertes razones, que en realidad no existe, porque los fenómenos físicos pueden tener otra

razón u otra interpretación, como las que les he mostrado.

Entonces, si lo que pretende pasar por conocimiento científico no ofrece demostraciones efectivas y reales, ya sean reproducibles, predictibles, observables directamente o con aplicaciones prácticas, definitivamente no es cosa de ciencias.

Si hacemos un recuento de todas las cosas que se divulgan por todos los medios como cosas científicas, pero carecen de los tipos de demostraciones que he expuesto, entonces lamento informarles que sólo son conjeturas por demostrar o simples conjeturas indemostrables y carentes de auténtica ciencia, así lo digan supuestos humanos "superdotados intelectualmente" o muy famosos; así les hayan puesto formulitas y ecuaciones matemáticas, porque hasta las matemáticas pueden ser mal usadas cuando se parte de falsos datos. Las matemáticas únicamente son herramientas y, como tales, pueden ser mal usadas.

Por lo tanto, no se dejen ofuscar, oh, estimados humanos, por el bombardeo constante y por todos los medios de aquello que se divulga como ciencia cuando no llega más que a simples conjeturas. Confíen en su propia racionalidad, porque, a final de cuentas, hasta los más grandes genios se han dejado llevar por las corrientes ideológicas de su época y es de pocos dar saltos para superarlas. No importan los títulos o la fama que tengan ciertos personajes. La verdad no es cosa ni de mayorías ni de minorías intelectualoides, porque basta una buena intuición para conocerla.

EPÍLOGO

Ojalá estuviera yo a lado de ustedes para despejarles todas y cada una de sus dudas, que seguro las ha de haber, porque no es fácil renunciar a lo que por muchos años hemos dado por hecho o por verdad absoluta evidente. Además, no cualquiera está dispuesto a aceptar lo que la postura contraria argumenta, así sea más poderosa, porque suele ganar más la vanidad y el deseo de no ser refutado y se prefiere aventar montones de sofismas y falacias con tal de aparentar que se tiene razón.

Hay sujetos que jamás podrán reconocer que están equivocados, sobre todo aquellos que han escrito muchos libros, dado conferencias, recibiendo toneladas de aplausos y adulaciones a su supuesta genialidad y ganado mucho dinero gracias a defender su postura atea y materialista. Que no les sorprenda que empiecen a contraargumentar mi texto y me traten de ignorante, fanático, anticientífico, falso filósofo, diletante, simplón, burdo... Hay que acostumbrase a recibir las críticas y ser maltratado por la postura elegida. Lo ideal sería tenerlos frente a frente, que allí sí que me podría defender.

Mi lenguaje es sencillo y coloquial, porque se trata de que cualquiera pueda entenderlo, además de que así es como debería expresarse la filosofía, porque quien tiene claridad en las ideas, claramente puede expresarlas. Hay dos tipos básicos de formas de escribir filosofía: el oscuro y el claro. El lenguaje oscuro tiene la ventaja de que está destinado para un pequeño grupúsculo de sujetos, que creen que entre más rebuscado, garigoleado, poetizado, ambiguo y oscuro sea el lenguaje filosófico, más profundo y serio parece, cuando es lo opuesto. Ejemplos de lenguajes oscuros están en Hegel o Heidegger, los cuales ni entre estudiosos de sus obras se ponen de acuerdo en lo que quisieron decir. Paradójicamente, sus tratados de miles de hojas, bien se pueden resumir en un par de párrafos, les aseguro. Quienes los han intentado leer, quedan pasmados y a punto del orgasmo mental, aunque no hayan entendido nada o casi nada. Lo cierto es que no les queda casi nada para poner en práctica, sólo les sirve para darse aires de filosofantes. Muy pocos pueden refutarlos, gracias a la oscuridad y ambigüedad de su prosa.

En cambio, ejemplos de lenguajes claros, tenemos en Aristóteles o Cicerón. Su claridad es para agradecer. A estos les llueven sobre mojado, críticos y gentes que creen haberlos superado. Nadie puede tener en todo la razón, porque es casi inevitable ser producto de su época, pero muchas cosas que dijeron siguen siendo vigentes y, curiosamente, son las más fundamentales para la Filosofía. A quien habla con claridad, así tenga la verdad de su parte, no le faltará que cualquiera supondrá poderlo refutar. La lucha entre filósofos y sofistas siempre va a existir.

La importancia de destruir al falso Ateísmo radica en que es importante que los humanos tengan presente en todo momento que ante la Vida y el Cosmos no les es ninguna casualidad sus existencias, hay un sentido real y ontológico que va más allá del sentido de vida personal, ya que, para algunos, hasta perjudicar a los demás puede darles sentido a algunas personas. Si la Vida y el Cosmos tienen un sentido real y ontológico, entonces les toca a los humanos ser responsables y coherentes, porque no nos debemos a nosotros mismos ni a inconscientes átomos interactuando, sino a una Creación divina, de la cual somos parte, queramos o no queramos. Saber que la Vida es un prodigio es una permanente invitación a merecer tan gran don. El asombro que despierta el Cosmos y la Vida es un regalo de la Deidad para que lo disfruten los de conciencia sensible y abierta.

Dicen que no es necesario estar en una religión para ser buenos, lo cual es relativamente cierto, pero lo que es absolutamente cierto es que el falso Ateísmo, el Materialismo, el Agnosticismo, el Panteísmo... no sirven ni para dar un sentido real a la Vida ni tampoco para invitar a nadie a ser buenos.

Ya han pasado muchos remedos de filósofos que mamaron de la ubre de la falsa ciencia de la Física Teórica y se dedicaron a dizque filosofar a partir de las ocurrencias de estos imaginativos sujetos cientificistas. Les informo, para que lo sepan, que la Física auténtica es práctica, no teórica, por lo que no debe meterse en el tema de los Orígenes.

HA LLEGADO EL MOMENTO EN QUE LA AUTÉNTICA FILOSOFÍA RETOME EL LUGAR QUE NUNCA DEBIÓ PERDER: EL DE ESTAR POR ENCIMA DE CUALQUIER CIENCIA TEÓRICA. HA LLEGADO PARA REGULARLAS Y PARA INFORMARLES QUÉ ES CIENCIA Y QUÉ NO LO ES; QUÉ ES

FILOSOFÍA Y QUÉ NO LO ES. HA LLEGADO LA
FILOSOFÍA HERÉTICA, Y ESTO ÚNICAMENTE ES
LA INTRODUCCIÓN.

GLOSARIO O DEFINICIÓN DE CONCEPTOS FUNDAMENTALES

ATEÍSMO: Doctrina que afirma que ningún dios existe y que todo es obra y gracia de la Todopoderosa Materialidad.

ATEOLOGÍA: Es la doctrina torpe de los ateos de afirmar que no existe ningún dios, pero partiendo de las ideas de dios de las teologías o religiones hegemónicas, cuando su ateísmo debería ser independiente de ellas, porque bastaría el estudio del Cosmos y la Vida.

CIENCIAS: Lo que podemos llamar conocimiento científico, sin influencia del cientificismo y naturalismo, son aquellos conocimientos que han sido logrados gracias a una metodología lógica, experimental o predictiva exitosa que alcanza una demostración o comprobación que nos lleva a conclusiones verdaderas.

Aquí en este texto, no hay Ciencia, sino ciencias, dado que hablar de Ciencia en abstracto solamente ha servido para manipular conciencias y es un conducto para pasar como conocimiento científico lo que en realidad son meras conjeturas imaginarias con maquillaje de rigor científico.

CIENTIFICISMO: Ideología que se caracteriza por divulgar como ciencia sólo aquello que contradiga a los que creen en causas divinas. Esta ideología no se apega al método científico de manera real, sino que le basta con que una explicación de algún fenómeno suene inteligente y, con eso, sin demostración alguna o con falsa demostración, ya se divulga alegremente a nombre de la Ciencia.

EVOLUCIONISMO: Es una ideología materialista, cientificista y atea que propugna a favor del dogma que la Causa del Cosmos y la Vida es meramente material y fortuita.

TRANSFORMISMO: Es la manera correcta de denominar a la conjetura evolucionista referente al origen de la vida y la imaginaria aparición de las diversas especies a partir de que unas se van transformando en otras especies distintas a lo largo de miles o millones de años. Según los que divulgan la conjetura evolucionista, eso explica las formas y comportamientos de todo tipo de ser vivo actual o extinto.

TIEMPO: Es un invento humano que sirve para medir la duración de los fenómenos, es decir, es la medida del Movimiento entre un antes y un después. De manera más clara es la cronología humana del Movimiento o Cambio.

MOVIMIENTO: Escrito en letra inicial mayúscula (Movimiento), se refiere al concepto abstracto que señala todo tipo de cambio. El Movimiento tiene una infinidad de causas, pero también están las causas metafísicas o divinas que dan origen, orden y sentido al movimiento Cosmos y movimiento Vida en general.

www.ingramcontent.com/pod-product-compliance
Lightning Source LLC
LaVergne TN
LVHW041248080426
835510LV00009B/635